中华人民共和国
民法典人格权编

（实用版）

中国法制出版社
CHINA LEGAL PUBLISHING HOUSE

■实用版

编辑说明

运用法律维护权利和利益，是读者选购法律图书的主要目的。法律文本单行本提供最基本的法律依据，但单纯的法律文本中的有些概念、术语，读者不易理解；法律释义类图书有助于读者理解法律的本义，但又过于繁杂、冗长。“实用版”法律图书至今已行销多年，因其实用、易懂的优点，成为广大读者理解、掌握法律的首选工具。

“实用版系列”独具五重使用价值：

1. **专业出版。**中国法制出版社是中央级法律类图书专业出版社，是国家法律、行政法规文本的权威出版机构。

2. **法律文本规范。**法律条文利用了本社法律单行本的资源，与国家法律、行政法规正式版本完全一致，确保条文准确、权威。

3. **条文解读详致。**本书中的【理解与适用】从庞杂的相互关联的法律条文以及全国人大常委会法制工作委员会等对条文的权威解读中精选、提炼而来；【典型案例指引】来自最高人民法院指导案例、公报、各高级人民法院判决书等，点出适用要点，展示解决法律问题的实例。

4. **附录实用。**书末收录经提炼的法律流程图、诉讼文书、办案常用数据等内容，帮助提高处理法律纠纷的效率。

5. **附赠电子版。**与本分册主题相关、因篇幅所限而未收录的相关文件、“典型案例指引”所涉及的部分重要案例全文，均制作成电子版文件。扫一扫封底“法律法规全书公众号”即可免费获取。

中国法制出版社

2020 年 6 月

《中华人民共和国民法典人格权编》理解与适用

人格权是民事主体对其特定的人格利益享有的权利，关系到每个人的人格尊严，是民事主体最基本的权利。人格权编在现行有关法律法规和司法解释的基础上，从民事法律规范的角度规定自然人和其他民事主体人格权的内容、边界和保护方式。

一、人格权的基本特征

人格权是民事主体依法对自身享有的人身自由、人格尊严方面的支配和排他的权利，包括但不限于生命权、身体权、健康权、姓名权、名称权、肖像权、名誉权、荣誉权、隐私权等权利。与物权的纯粹“物”性不同，人格权体现了“人之为人”的伦理属性，但也日益呈现出浓郁的财产属性。人格权的基本特点如下：

1. 有限的财产性。人格权首先是维护和实现人的精神利益的权利。人格权的财产属性在位阶上低于人格权的精神利益，人格权的财产利益也要服从于“人身自由、人格尊严”这一目的。

2. 有限的支配性。人格权是一种支配权，但这种支配权因为“人格权是对人自身权利”的特殊性而受到影响，比财产权更多地受法律和公序良俗原则的约束，具体表现在处分的利益类型和处分方式等方面。

3. 宽松的固有性。通常来讲，人格权与权利主体存在同期性，主体在，则人格权在，主体消亡，则人格权消亡。人格权商品化一定程度改变了人格权固有性的特点，一方面，人格权的财产价值并不是随着主体出生就具有的，而是随着自然人的名气、地位等因素逐步显现的；另一方面，自然人生前可以把自己姓名、肖像中的财产利益概括授予他人，在该自然人死亡后，其姓名、肖像中的财产利益并不因为其死亡而导致财产利益消亡，人格权与主体之间的不可分割性被有限度地突破。

4. 宽松的法定性。人格权是一种法定权利，其类型、内容、效力、行使方式、救济方式等都由民法加以法定化。人格权是绝对权，不能以当事人的意思自由创设或排除法律的适用。但是在类型和内容方面，人格权的法定性远远低于物权。人格权是一个开放性的权利体系，随着社会生活的发展，会不断有新的人格权类型得以典型化，这体现了宽松的法定性。

二、逻辑结构及主要内容

人格权编的内部逻辑结构分明。第一章是总则，第二章至第六章是分则，为典型的“总－分”逻辑结构。人格权编共6章、51条，主要内容有：

1. 关于一般规定。第一章规定了人格权的一般性规则：一是明确人格权的定义（第990条）。二是规定民事主体的人格权受法律保护，人格权不得放弃、转让或者继承（第991条、第992条）。三是规定了对死者人格利益的保护（第994条）。四是明确规定人格权受到侵害后的救济方式（第995条至第1000条）。

2. 关于生命权、身体权和健康权。第二章规定了生命权、身体权和健康权的具体内容，并对实践中社会比较关注的有关问题作了有针对性的规定：一是为促进医疗卫生事业的发展，鼓励遗体捐献的善行义举，吸收行政法规的相关规定，确立器官捐献的基本规则（第1006条）。二是为规范与人体基因、人体胚胎等有关的医学和科研活动，明确从事此类活动应遵守的规则（第1009条）。三是近年来，性骚扰问题引起社会较大关注，在总结既有立法和司法实践经验的基础上，规定了性骚扰的认定标准，以及机关、企业、学校等单位防止和制止性骚扰的义务（第1010条）。

3. 关于姓名权和名称权。第三章规定了姓名权、名称权的具体内容，并对民事主体尊重保护他人姓名权、名称权的基本义务作了规定：一是对自然人选取姓氏的规则作了规定（第1015条）。二是明确对具有一定社会知名度，被他人使用足以造成公众混淆的笔名、艺名、网名等，参照适用姓名权和名称权保护的有关规定（第1017条）。

4. 关于肖像权。第四章规定了肖像权的权利内容及许可使用肖像的规则，明确禁止侵害他人的肖像权：一是针对利用信息技术手段"深度伪造"他人的肖像、声音，侵害他人人格权益，甚至危害社会公共利益等问题，规定禁止任何组织或者个人利用信息技术手段伪造等方式侵害他人的肖像权。并明确对自然人声音的保护，参照适用肖像权保护的有关规定（第1019条第1款、第1023条第2款）。二是为了合理平衡保护肖像权与维护公共利益之间的关系，结合司法实践，规定肖像权的合理使用规则（第1020条）。三是从有利于保护肖像权人利益的角度，对肖像许可使用合同的解释、解除等作了规定（第1021条、第1022条）。

5. 关于名誉权和荣誉权。第五章规定了名誉权和荣誉权的内容：一是为了平衡个人名誉权保护与新闻报道、舆论监督之间的关系，对行为人实施新闻报道、舆论监督等行为涉及的民事责任承担，以及行为人是否尽到合理核实义务的认定等作了规定（第1025条、第1026条）。二是规定民事主体有证据证明报刊、网络等媒体报道的内容失实，侵害其名誉权的，有权请求更正或者删除（第1028条）。

6. 关于隐私权和个人信息保护。第六章在现行有关法律规定的基础上，进一步强化对隐私权和个人信息的保护，并为下一步制定个人信息保护法留下空间：一是规定了隐私的定义，列明禁止侵害他人隐私权的具体行为（第 1032 条、第 1033 条）。二是界定了个人信息的定义，明确了处理个人信息应遵循的原则和条件（第 1034 条、第 1035 条）。三是构建自然人与信息处理者之间的基本权利义务框架，明确处理个人信息不承担责任的特定情形，合理平衡保护个人信息与维护公共利益之间的关系（第 1036 条至第 1038 条）。四是规定国家机关及其工作人员负有保护自然人的隐私和个人信息的义务（1039 条）。

目 录

中华人民共和国民法典人格权编

第一章 一般规定

第二章 生命权、身体权和健康权

第三章 姓名权和名称权

第四章 肖像权

第五章 名誉权和荣誉权

中华人民共和国民法典侵权责任编（节录）

实用核心法规

实用附录：

电子版增补法规（请扫封底“法律法规全书公众号”二维码获取）

中华人民共和国民法典人格权编

（2020年5月28日中华人民共和国第十三届全国人民代表大会第三次会议通过　2020年5月28日中华人民共和国主席令第45号公布　自2021年1月1日起施行）

目　　录

第四编　人格权

第一章　一般规定

第九百八十九条　人格权编的调整范围[①]

本编调整因人格权的享有和保护产生的民事关系。

▶理解与适用

本条是对人格权编调整对象的规定。人格，通常是指做人的资格，也指构成人格的不同人格利益要素。当不同的人格利益要素构成一体，成为一个人时，就是民事主体，人格利益就成为人格权的客体。人格权是民事主体对其特定人格利益享有的权利，关系到每个人的人格尊严，是民事主体最基本、最重要的权利。

所谓“享有”，针对的是人格权的积极权能，可以解释为拥有、支配、收益。拥有表明民事主体对人格的控制，不受他人意思表示的约束，这里的拥有类似于物权的“占有”。支配指的是民事主体可以在法律规定的范围内充分利用、处分人格权的伦理价值和财产价值，这种支配既有人格平等、人格自由、人格尊严方面的实现，也有财产价值的变现。收益表明基于部分人格权的商业使用，人格权能够作为目的，也能够作为手段。在商业使用过程中，民事主体可以获得许可使用费、转让费。所谓“保护”，主要针对的是人格权的消极权能。从本编来看，主要是人格权请求权的规定。人格权请求权类似于物权请求权，是基于人格权的绝对性而衍生的权能，即权利主体之外的第三

---

① 条文主旨为编者所加，下同。

人不能随意侵害他人合法人格权益。

人格权法律关系就是因人格权发生的民事法律关系。人格权法律关系的权利主体是自然人、法人及非法人组织，义务主体是人格权权利主体之外的其他任何不特定的自然人、法人及非法人组织。因此，人格权是绝对权，人格权法律关系是绝对权的法律关系，权利主体特定而义务主体不特定。人格权法律关系的客体，是人格利益，而不是人格。就特定的人格利益构成的权利义务关系，就是人格权法律关系的内容。

上述这些人格权法律关系，就是本编调整的对象。

▶条文参见

《宪法》[①] 第 37 条、第 38 条；《刑法》第 236 - 238 条、第 245 条；《治安管理处罚法》第 27 条、第 40 条、第 43 条

▶典型案例指引

邱某某诉孙某、加多宝（中国）饮料有限公司一般人格权纠纷案[②]［北京市大兴区人民法院（2015）大民初字第 10012 号民事判决书］

案件适用要点：本案是恶意诋毁、侮辱民族英雄和革命先烈，侵害其人格利益的典型案件。本案的特点是，先有网络名人恶意侮辱、诋毁民族英雄，再有商业公司借助不法言论恶意炒作获得商业推广效果，两者行为的结合造成了同一损害后果。本案判决在如下方面值得赞同：一是对侵权言论的分析上，结合其语境及侵权言论的传播和舆论反应，认定侵权人的主观恶意和损害后果；二是对多个行为人共同侵权的把握上，注意分析多个言论的关联性及互动性，准确把握多个行为人的主观关联性及损害后果的同一性；三是在责任形态上，认定多个侵权

---

① 为便于阅读，本书中相关法律文件标题中的“中华人民共和国”字样都予以删除。

② 本案例发生于《民法典》公布之前，援引的法条为当时有效的条文，其中的裁判规则与《民法典》生效后的内容并不冲突，仍可作为参考。全书同。

人之间的连带责任；四是在责任方式上，根据侵权人事后删除侵权言论的事实，判决其承担赔礼道歉、消除影响和精神损害抚慰金的责任，责任形式妥当。这一判决，维护了民族英雄和革命先烈的合法权益，对于以侮辱、诋毁民族英雄和革命先烈的人格为手段，恶意商业炒作获得不法利益的侵权行为，具有鲜明的警示意义。

第九百九十条 一般人格权

人格权是民事主体享有的生命权、身体权、健康权、姓名权、名称权、肖像权、名誉权、荣誉权、隐私权等权利。

除前款规定的人格权外，自然人享有基于人身自由、人格尊严产生的其他人格权益。

▶理解与适用

［人格权的界定］

人格权，是指民事主体专属享有，以人格利益为客体，为维护民事主体的独立人格所必备的固有民事权利。简言之，将构成人格的不同人格利益要素用权利的方法予以法律保护的这些民事权利，就是人格权。

人格权是人格权编中的核心概念，但本法并没有从内涵的角度作定义，而是以列举的方式及外延的方式作的界定，即人格权是包含生命权、身体权、健康权、姓名权、名称权、肖像权、名誉权、荣誉权和隐私权等权利的民事权利，这样做的好处是保持开放性，为未来新出现的人格权类型留有足够的空间。

［一般人格权］

一般人格权，是指自然人享有的，概括人格独立、人格自由和人格尊严全部内容的一般人格利益，由此产生和规定具体人格权，并对具体人格权不能保护的其他人格利益进行保护的抽象人格权。一般人格权的核心内容是人格尊严（而不是人身自由），具体内容是基于人格尊严而产生的其他人格利益。通常认为，一般人格权有创造功能（创造新的人格权）、解释功能（解释具体人格权的内容）和补充功能（保护具体人格权不能保护的人格利益），但是实际发挥最重要的功能是补充功能，即在具体的人格权之外，基于人格尊严产生的其他人格利益都予以保护，当这些人格利益受到侵害时，一般人格权予以保护。

▶条文参见

《消费者权益保护法》第14条；《旅游法》第10条；《未成年人保护法》第5条、第21条、第55条；《残疾人保障法》第3条；《治安管理处罚法》第47条；《妇女权益保障法》第36条、第44条、第51条；《涉外民事关系法律适用法》第46条；《老年人权益保障法》第21条；《慈善法》第62条；《最高人民法院关于确定民事侵权精神损害赔偿责任若干问题的解释》第1条；《最高人民法院关于审理利用信息网络侵害人身权益民事纠纷案件适用法律若干问题的规定》第1条

▶典型案例指引

王某某诉张某某生育选择权纠纷案（最高人民法院发布98起未成年人审判工作典型案例之85）

案件适用要点：生育选择权是我国公民享有的一项基本权利，其中包括生育或不生育子女的权利，这项原则同样适用于人类辅助生殖领域。张某某应享有生育选择权，在本案中具体体现为胚胎处置权。张某某是“王某三”遗传学父亲，张某某与王某某共同拥有“王某三”胚胎的处置权，“王某三”之出生应取得张某某的知情同意，并签署书面知情同意书。张某某拥有“不能被迫成为父亲”的基本权利。“王某三”之出生，侵犯了张某某的生育选择权，违背了我国的计划生育政策和生育伦理原则。在这种情况下，张某某可视为一个单纯的捐赠精子者，其对出生的后代既没有任何权利，也不承担任何责任。王某某要求“王某三”由张某某抚养，理由不成立。

第九百九十一条　人格权益受法律保护

民事主体的人格权受法律保护，任何组织或者个人不得侵害。

▶理解与适用

人格权法律保护原则，是民法典总则编第3条规定的民事权利依法保护原则的组成部分，任何民事权利及合法利益都受法律保护，人格权当然不例外。

本条没有明确规定“侵害”必须是非法的，但是在行政执法、刑事司法等活动中，有时候不可避免地侵害民事主体的人格权。因此，民事主体的人格权益保护也不完全是绝对的，国家机关依法行使行政权或者司法权等情形的，应当予以排除。

▶条文参见

《宪法》第37条、第38条；《刑法》第238条、第241条、第244条、第318条；《国家赔偿法》第3条；《最高人民法院关于确定民事侵权精神损害赔偿责任若干问题的解释》第1条；《最高人民法院关于审理利用信息网络侵害人身权益民事纠纷案件适用法律若干问题的规定》第1条；《义务教育法》第29条；《老年人权益保障法》第21条、第25条；《刑事诉讼法》第135条；《妇女权益保障法》；《残疾人保障法》第3条、第9条、第25条、第40条、第49条、第59条、第60条、第62-65条、第67条；《精神卫生法》第4条、第5条、第26条、第71条、第78条；《海关法》第72条；《慈善法》第62条；《水法》第74条；《消费者权益保护法》第14条、第27条；《未成年人保护法》第3条、第5条、第21条、第55条、第63条；《治安管理处罚法》第5条、第40条；《劳动合同法》第88条；《人民警察法》第2条；《监狱法》第14条；《预防未成年人犯罪法》第36条；《执业医师法》第21条、第40条；

《教师法》第8条；《国防法》；第59条；《人民武装警察法》第19条；《澳门特别行政区基本法》第28条、第30条；《香港特别行政区基本法》第28条；《外交特权与豁免条例》第12条；《最高人民法院关于审理拐卖妇女儿童犯罪案件具体应用法律若干问题的解释》第3条；《最高人民法院关于适用〈中华人民共和国刑事诉讼法〉的解释》第426条

第九百九十二条　人格权不得放弃、转让、继承

人格权不得放弃、转让或者继承。

▶理解与适用

本条规定的是人格权的固有性。固有性是指人格权是自然人生而具有的权利，而不是后天依据何种原因而取得的权利。人格权由于具有固有性特征，因而是专属权、必备权，与权利主体不可须臾离开，终身为权利主体所享有。人格权一旦与权利主体分离，人将不成其为人，就丧失了做人的资格。

正因为人格权是固有权、专属权、必备权，因而在任何民事活动中，权利主体都不得放弃人格权、转让人格权、继承人格权，不能通过这些行为将人格权与权利主体分离。不过有些人格利益是可以许可他人使用的，例如肖像、姓名、隐私、个人信息等，但是不能把这些人格权予以放弃、转让或者继承。此外，侵害他人人格权的精神损害赔偿请求权原则保持专属性，但是例外是“赔偿义务人已经以书面方式承诺给予金钱赔偿，或者赔偿权利人已经向人民法院起诉”。因为此种情形下的精神损害赔偿请求权已经转化为财产权。

[可以基于法律规定转让、放弃或者继承人格权的情形]

并不是说在所有的情况下人格权都可以基于法律规定而转让、放弃、继承，法律规定的情形只有三种：1. 只有名称权可以转让，因为它是法人或者非法人组织的名称，转让、放弃都可以，只不过法人或者非法人组织解散而已。2. 某些人格权的

客体即人格利益可以放弃和转让，甚至可以继承，这些规则在民法典人格权编第993条作了规定。3. 当人格利益受到损害提起诉讼时，权利人死亡，这些人格利益的归属，可以由其继承人继承。

▶条文参见

《人体器官移植条例》第3条；《最高人民法院关于审理人身损害赔偿案件适用法律若干问题的解释》第18条

第九百九十三条 人格利益的许可使用

民事主体可以将自己的姓名、名称、肖像等许可他人使用，但是依照法律规定或者根据其性质不得许可的除外。

▶理解与适用

［可以许可他人使用的人格利益］

可以许可他人使用的人格利益，包括姓名、名称、肖像、声音、个人信息等。这些人格利益都能够脱离权利人的本身而独立存在，能够发生声誉和吸引力，具有相当的市场价值，经过使用能够获得经济利益。

［不得许可他人使用的人格利益］

并不是所有的人格利益都能许可他人使用，因此规定，依照法律规定或者根据其性质不得许可的除外。当法律规定某种人格利益不得许可他人使用时，权利人不得许可他人使用；当权利性质不得许可他人使用的，也不得许可他人使用，例如生命、健康、名誉、人身自由等都不得或者不能许可他人使用。

▶条文参见

《企业名称登记管理规定》第23条；《人类辅助生殖技术管理办法》第3条、第22条、第24条

▶典型案例指引

王某、商丘市丰禾食品有限公司肖像权纠纷案［河南省商丘市中级人民法院（2019）豫14民终4755号民事判决书］

案件适用要点：形象代言合同到期后，未经肖像权人同意擅自继续使用他人肖像，属于侵犯肖像的行为。公民的肖像权受到侵害的，有权要求停止侵害，恢复名誉，消除影响，赔礼道歉，并可以要求赔偿损失。侵权人承担责任的形式应当与其侵权行为的具体方式和造成的影响范围相当，侵权影响到的地域是本案考虑赔礼道歉的主要因素。损害赔偿金的数额要结合形象代言合同酬金、侵权时间等因素确定。

第九百九十四条 死者人格利益保护

死者的姓名、肖像、名誉、荣誉、隐私、遗体等受到侵害的，其配偶、子女、父母有权依法请求行为人承担民事责任；死者没有配偶、子女且父母已经死亡的，其他近亲属有权依法请求行为人承担民事责任。

▶理解与适用

自然人死亡，其民事权利能力消灭，因而主体消灭。不过，一个人死亡后，虽然主体消灭了，但并不是其人格利益一并都予以消灭。本条列举的死者姓名、肖像、名誉、荣誉、隐私、遗体等受到侵害的，死者的近亲属有权进行保护。不过，死者的遗骨、骨灰、个人信息等也都需要依法保护，可以概括在“等”字中。

［保护死者人格利益的方式］

对死者人格利益的保护，采取死者近亲属保护的方式进行。当死者的人格利益受到侵害时，死者的第一顺位的近亲属有权向法院起诉，请求行为人承担民事责任。死者如果没有第一顺位的近亲属，其他近亲属即第二顺位的近亲属，有行使这种保护的权利。没有近亲属的，可以根据实际情况，如存在公共利益的原因，可以采用公益诉讼的方法进行保护。侵害英雄烈士的人格利益，即使死者没有近亲属，有关组织也可以提出保护的诉讼请求，由人民法院依法裁判。此外，“依法请求行为人承担民事责任”意味着死者近亲属除了到法院提起诉讼外，还可以诉诸其他救济途径，比如请求公安机关依据《治安管理处罚法》依法予以保护。

[死者人格利益受保护的期限]

关于保护死者的人格利益的请求权是否有期限的限制，本条采用我国司法习惯，不规定期限，而是以死者的近亲属健在为限，死者不再有近亲属的，法律不再予以保护。

[同性伴侣不可以作为请求权主体]

本法第1041条规定：“实行婚姻自由、一夫一妻、男女平等的婚姻制度。”本法并不承认同性婚姻或者同性生活伴侣关系，同性伴侣无法因为“事实婚姻”而获得互为配偶的法律地位，因此，同性伴侣不可以作为请求权主体。

▶条文参见

《英雄烈士保护法》第25条、第26条；《最高人民法院关于确定民事侵权精神损害赔偿责任若干问题的解释》第3条；《烈士褒扬条例》第8条；《治安管理处罚法》第65条

▶典型案例指引

1. 陈某某诉魏某某、《今晚报》社侵害已故女儿名誉权纠纷案（《最高人民法院公报》1990年第2期）

案件适用要点： 名誉权是公民或者法人对自己在社会生活中获得的名誉依法享有的不可侵犯的权利。公民死亡后，其名誉权应依法受到保护，其近亲属有权就损害其名誉权的行为向法院提起诉讼。据此，公民死后其名誉权是仍受法律保护的。作者在小说中虚构了有损他人名誉的事实，虽然小说这种文学体裁本身允许内容的虚构，但是由于作者在小说中使用了他人的真实姓名等个人信息，这就使他人与被虚构的事实联系在一起，影响到一般社会公众对他的社会评价。所以，作者在小说

中使用了他人的真实姓名，但其虚构的事实，造成他人名誉毁损的，构成对他人名誉权的侵害，应当承担侵权责任。《最高人民法院关于侵害名誉权案件有关报刊社应否列为被告和如何适用管辖问题的批复》（1988年1月15日）中认为，报刊社对要发表的稿件，应负责审查核实。发表后侵害了公民的名誉权，作者和报刊社都有责任，可将报刊社与作者列为共同被告。所以，报社对其刊登的小说内容应负有核实内容真实与否的义务。

2. 曾某侵害英烈名誉案（《人民检察院公报》2019年第2号）

案件适用要点：英雄烈士的形象是民族精神的体现，是引领社会风尚的标杆。英雄烈士的姓名、肖像、名誉和荣誉等不仅属于英雄烈士本人及其近亲属，更是社会正义的重要组成内容，承载着社会主义核心价值观，具有社会公益性质。侵害英雄烈士名誉就是对公共利益的损害。对于侵害英雄烈士名誉的行为，英雄烈士没有近亲属或者近亲属不提起诉讼时，检察机关应依法提起公益诉讼，捍卫社会公共利益。

检察机关履行这类公益诉讼职责，要在提起诉讼前确认英雄烈士是否有近亲属以及其近亲属是否提起诉讼，区分情况处理。对于英雄烈士有近亲属的，检察机关应当当面征询英雄烈士近亲属是否提起诉讼；对于英雄烈士没有近亲属或者近亲属下落不明的，检察机关可以通过公告的方式履行告知程序。

检察机关办理该类案件，除围绕侵权责任构成要件收集、固定证据外，还要就侵权行为是否损害社会公共利益这一结果要件进行调查取证。对于在微信群内发表侮辱、诽谤英雄烈士言论的行为，要重点收集微信群成员数量、微信群组的私密性、进群验证方式、不当言论被阅读数、转发量等方面的证据，证明侵权行为产生的不良社会影响及其严重性。检察机关在决定是否提起公益诉讼时，还应当考虑行为人的主观过错程度、社会公共利益受损程度等，充分履行职责，实现政治效果、社会效果和法律效果的有机统一。

第九百九十五条 侵害人格权的民事责任

人格权受到侵害的，受害人有权依照本法和其他法律的规定请求行为人承担民事责任。受害人的停止侵害、排除妨碍、消除危险、消除影响、恢复名誉、赔礼道歉请求权，不适用诉讼时效的规定。

▶理解与适用

本条是对人格权请求权的规定。人格权请求权，是人格权本身包含的保护自己的请求权。这正像人体之内包含着保护自己、防御疾病的抵抗力一样，人格权请求权就是人格权自己所包含着的保护自己的救济权利。而保护人格权的外部力量，则是侵权请求权，是用外部的请求权保护人格权，就像感冒采取吃药打针的方法治疗一样。

[损害赔偿不属于人格权请求权的内容]

人格权请求权的具体方法，应当是除了损害赔偿方法之外的救济人格权被侵害的方式，如停止侵害、排除妨碍、消除危险、消除影响、恢复名誉、赔礼道歉。损害赔偿是侵权责任法救济损害的一般方法，不属于人格权请求权的内容。

[人格权请求权不受诉讼时效限制]

正是由于人格权请求权是人格权本身包含的原有救济权利，因此，人格权请求权不受诉讼时效的限制，因而规定受害人的停止侵害、排除妨碍、消除危险、消除影响、恢复名誉、赔礼道歉请求权，不适用诉讼时效的规定。

[人格权请求权的举证责任]

主张人格权请求权时，权利人只需要证明妨害行为的违法性、妨害行为可能发生或者正在进行和因果关系，而不必像行使侵权损害赔偿请求权那样，证明构成侵权责任的全部要件。

▶条文参见

《食品安全法》第 141 条；《消费者权益保护法》第 50 条；

《国家赔偿法》第3条、第17条、第32条、第35条;《治安管理处罚法》第117条

▶典型案例指引

林某某诉四川某整形美容医院有限公司人格权纠纷案[四川省成都市中级人民法院(2013)成民初字第1680号民事判决书]

案件适用要点: 某整形美容公司的行为侵犯了林某某的肖像权,原告要求被告公开赔礼道歉,赔偿经济损失、精神损失的诉讼请求,于法有据。原告主张被告侵犯了其名誉权,因被告使用原告照片作为文章的配图,根据上述照片及文章的内容,他人阅看网站上述内容不足以使原告的社会评价降低,且原告未能就其社会评价降低提供证据,故原告主张被告侵犯其名誉权并无事实及法律依据,法院未予支持。

损失赔偿数额方面,判决书同时承认了财产损害和精神损害。根据原告的知名度、被告的过错程度、侵权行为的具体情节、给原告造成精神损害的后果等因素,判决书酌情认定被告支付经济损失费45000元。被告未经原告同意,以营利为目的使用原告肖像,必然会给原告造成精神上的痛苦,加之网络具有开放性的特点,以网络为载体侵犯他人肖像权,更会增加被侵权人的精神痛苦,本院酌情认定被告支付精神损害抚慰金10000元。

第九百九十六条 违约精神损害赔偿

因当事人一方的违约行为,损害对方人格权并造成严重精神损害,受损害方选择请求其承担违约责任的,不影响受损害方请求精神损害赔偿。

▶理解与适用

《合同法》原来规定违约责任和侵权责任竞合只能择一而诉。根据本条规定,违约行为造成精神损害可以直接适用精神损害赔偿责任进行救济。

［违约请求精神损害赔偿的构成要件］

1. 一方当事人违反合同义务构成违约行为；2. 违约行为侵害了债权人的人格权益；3. 违约行为造成严重精神损害；4. 违约行为与精神损害之间有因果关系。具备上述要件，受损害一方请求其承担违约责任，并不影响其一并请求精神损害赔偿。换言之，违约行为同时造成债权人的严重精神损害，可以同时请求法院确认其承担违约责任和侵权的精神损害赔偿责任。

本条与民法典侵权责任编第 1183 条的关系是，第 1183 条是普通规定，本条是特别规定，在违约责任领域，本条具有优先适用的效力。

▶条文参见

《最高人民法院关于适用〈中华人民共和国合同法〉若干问题的解释（一）》第 30 条；《最高人民法院关于审理旅游纠纷案件适用法律若干问题的解释》第 7 条

▶典型案例指引

大同市北都国际酒店有限责任公司与康芮餐饮服务合同纠纷案[①]［陕西省大同市中级人民法院（2017）晋 02 民终 476 号民事判决书］

案件适用要点：一审法院认为，提供正常的供电属于餐饮服务合同的基本义务。虽然停电时间已经超过供电公司通知的时间，但并非自然灾害等人力不可抗拒或不可预见的情况，原告作为餐饮服务的提供者应当提前做好有效的应对措施，而酒店的备用设备也明显达不到应对紧急情况的水平，致使原告为被告提供的服务大打折扣，因此对原告主张的客房餐饮费用应适当扣减 20%。

---

① 《民法典》施行后，因违约侵害人格权并造成严重精神损害的，不再适用本案中关于“违约责任与侵权责任竞合”的裁判规则。本书保留此案例方便读者更直观理解《民法典》第 996 条。

二审法院认为，婚礼宴席对于每一个家庭具有重要的意义，现上诉人提供的服务给被上诉人造成了一定的负面影响和精神上的伤害，故应当给予消费者一定的补偿。原审法院酌情支持被上诉人精神损失费5000元并无不妥，应予维持。关于上诉人主张一审判决存在违约责任和侵权责任竞合的情形，二者只能选择其一的意见，本院认为，《中华人民共和国合同法》第122条规定："因当事人一方的违约行为，侵害对方人身、财产权益的，受损害方有权选择依照本法要求其承担违约责任或者依照其他法律要求其承担侵权责任。"故原审法院在支持了被上诉人精神损失费的情形下，又判决扣减20%的餐饮费用，不符合违约责任和侵权责任竞合情形下的法律适用标准，故对原审法院扣减20%餐饮费的判决应予纠正。

第九百九十七条 停止侵害人格权禁令

民事主体有证据证明行为人正在实施或者即将实施侵害其人格权的违法行为，不及时制止将使其合法权益受到难以弥补的损害的，有权依法向人民法院申请采取责令行为人停止有关行为的措施。

▶理解与适用

本条是对侵害人格权的禁令的规定。

禁令就是禁止实施某种行为的命令。侵害人格权的禁令，是人民法院发出的禁止行为人实施有可能侵害他人人格权的违法行为的命令。这种命令有强制性，受禁令禁止的行为人，必须遵从禁令的要求，不得实施被禁令禁止的行为。违反者，应当承担民事责任。

[人格权禁令的要件]

对行为人发出禁令的要件是：1. 民事主体有证据证明行为人正在实施，或者即将实施某种行为；2. 该种行为能够侵害受害人的人格权；3. 不及时制止将会使受害人的合法权益受到难以弥补的损害；4. 受害人须向人民法院请求发布禁令。符合上述要件的，人民法院应当对行为人发布禁令，行为人受到该禁令的拘束。

本条没有规定的有两个问题：1. 申请发布禁令的请求权人对禁令应当提供担保，一旦请求禁令发生错误，使受禁令禁止的行为人受到损害的，禁令申请人应当承担侵权责任；未提供担保的，人民法院可以拒绝发布禁令。2. 被禁令禁止的行为人违反禁令，继续实施被禁止的行为的，应当承担造成损害的赔偿责任，违反禁令的行为也应当同时受到民事诉讼强制措施的制裁。

▶条文参见

《民事诉讼法》第 105 条、第 152 条、第 166 条、第 170 条、第 252 条

▶典型案例指引

杨某康与中贸圣佳国际拍卖有限公司、李某某诉前禁令案（《最高人民法院公告》2014 年第 10 期）

案件适用要点： 钱某某、杨某康、钱某分别对各自创作的书信作品享有著作权。钱某某、钱某去世后，其著作权中的署名权、修改权和保护作品完整权由杨某康与杨某成保护，发表权由杨某康与杨某成共同行使。被告即将实施的私人信件公开拍卖活动，以及其正在实施的公开展览、宣传等活动，将侵害杨某康所享有和继承的著作权，如不及时制止上述行为，将会使杨某康的合法权益受到难以弥补的损害，原告请求行为保全。法院依据《著作权法》《民事诉讼法》依法作出诉前禁令。

第九百九十八条 认定承担侵害精神性人格权民事责任的考虑因素

认定行为人承担侵害除生命权、身体权和健康权外的人格权的民事责任，应当考虑行为人和受害人的职业、影响范围、过错程度，以及行为的目的、方式、后果等因素。

▶理解与适用

本条规定的是侵权损害赔偿如何确定的问题

本条是对侵害生命权、身体权、健康权以外的人格权承担民事责任的规定。人格权通常分为物质性人格权和精神性人格权，前者如生命权、身体权和健康权，后者如姓名权、名称权、肖像权、声音权、名誉权、荣誉权、隐私权和个人信息权等。尽管侵害人格权后产生人格权请求权，由于侵害的人格权的类型不同，因此有人身损害赔偿的人格权请求权和精神损害赔偿的人格权请求权之分。行为人承担侵害除生命权、身体权和健康权以外的人格权的民事责任，就是指权利人享有的侵害精神性人格权的精神损害赔偿责任。

确定侵害精神性人格权的精神损害赔偿责任，应当考虑的因素是：1. 行为人和受害人的职业、影响范围、过错程度；2. 行为人的行为目的、方式、后果等。例如，恶意诽谤他人的侵害名誉权的行为，与记者调查事实进行新闻报道因过失而事实失实侵害名誉权，虽然都是侵害名誉权的侵权行为，但是在职业、影响范围、过错程度以及行为人的行为目的、方式和后果等方面都有不同，应当斟酌这些不同情节，确定适当的精神损害赔偿责任，而不能一概而论。

本条规定的“民事责任”实为损害赔偿责任。虽然本法第179条规定，承担民事责任的方式主要有停止侵害，排除妨碍，消除危险，返还财产，恢复原状，修理、重作、更换，继续履行，赔偿损失，支付违约金，消除影响、恢复名誉，赔礼道歉。但是，停止侵害、排除妨碍、消除危险、消除影响、恢复名誉本质上都是恢复原状，不适用诉讼时效，原则上不适用本条规定。

▶条文参见

《最高人民法院关于确定民事侵权精神损害赔偿责任若干问题的解释》第10条

▶典型案例指引

刘某诉《精品购物指南》报社等侵害肖像权案［北京市第一中级人民法院（2005）一中民终字第8144号民事判决书］

案件适用要点：精品报社在千期专刊的整体封面设计中，使刘某肖像与购物节广告产生一定的广告性质的关联性，从而使社会公众产生“刘某为中友公司购物节做广告”之有合理根据的误解，进而使刘某人格受到购物节广告的商业化侵害。此与直接使用刘某肖像做广告相比，两者在对刘某人格的侵害样态上并无本质区别；而究此侵害之原因，精品报社在发布千期专刊封面广告之时，未尽力注意避让他人的肖像权，从而对载有刘某肖像的图片进行了不妥当的修改，违反了广告法第14条之规定，显然具有过错。故就精品报社此种行为，确认其侵犯刘某的肖像权，与民法通则第100条之规范宗旨并无违背。

考虑到因千期专刊的发行使刘某人格在较广泛的社会范围受商业化侵害，存在一定的侵权后果，而且刘某本人对此并无过错，所以在赔礼道歉之外，还应当令精品报社赔偿适当的精神损害抚慰金，具体数额本院酌定为2万元，对刘某要求的精神损害抚慰金过高部分不予支持，刘某没有提供证据证实自己受有经济损失，故对其此项诉讼请求，不应支持。千期专刊已经发行，精品报社在千期专刊封面使用刘某肖像的行为已经完成，故刘某要求停止侵权行为，显然不现实，无法得到支持；由于在不构成侵权的条件下可以对肖像进行使用，故刘某无权要求精品报社一概停止使用其肖像权，更无权要求精品报社停止使用不构成侵权的千期专刊第18版中的肖像。

第九百九十九条 合理使用他人人格要素

为公共利益实施新闻报道、舆论监督等行为的，可以合理使用民事主体的姓名、名称、肖像、个人信息等；使用不合理侵害民事主体人格权的，应当依法承担民事责任。

▶理解与适用

本条是对新闻报道、舆论监督合理使用他人人格要素及不当使用责任的规定。

新闻媒体是指传播信息的介质，通俗地说就是宣传的载体或平台等依法设立的从事新闻报道工作的机构，包括报社、通讯社、广播电台、电视台、杂志社、出版社、互联网信息服务提供者、移动互联网信息服务提供者等等。

[合理使用的构成要件]

在实施新闻报道、舆论监督中，因正当事由合理使用他人人格要素的行为，不构成侵害人格权。其要件是：1. 具有的正当事由是为公共利益实施新闻报道、舆论监督等行为；2. 使用的是民事主体的姓名、名称、肖像、个人信息等人格要素；3. 须符合正当使用的范围，即为实施新闻报道、舆论监督的目的，不得超出该范围。符合上述要件要求的，使用人对他人人格要素的使用，为正当使用行为，不承担民事责任。例如对新闻事件中人物的肖像进行报道，不构成侵害肖像权，因为其具有新闻性。

[合理使用的限度]

从司法实践来看，绝大部分的媒体侵权侵害的是名誉权。新闻媒体侵害名誉权的抗辩事由主要是以下两个方面：一是事实方面，要满足基本属实；二是意见表达方面，要满足公正评论。新闻媒体侵害隐私权、肖像权、姓名权、个人信息方面，抗辩事由主要有：一是公共利益，新闻报道的目的主要是行使舆论监督权；二是公众人物，即在公众领域具有很大影响的人物。公众人物在一定的场合，其人格权主要是肖像权、隐私权受到适当限制。

▶条文参见

《最高人民法院关于审理名誉权案件若干问题的解释》第6–9问

▶典型案例指引

范某某诉文汇新民联合报业集团侵害名誉权案［上海市静安区人民法院（2002）静民一（民）初字第1776号民事判决书］

案件适用要点：本案争议的报道是被告处在“世界杯”的特定背景下，遵循新闻规律，从新闻媒体的社会责任与义务出发，为满足社会大众对公众人物的知情权而采写的监督性报道。即使原告认为争议的报道点名道姓称其涉嫌赌球有损其名誉，但作为公众人物的原告，对媒体在行使正当舆论监督的过程中，可能造成的轻微损害应当予以容忍与理解。

第一千条 侵害人格权民事责任的相当性与替代性公布执行方式

行为人因侵害人格权承担消除影响、恢复名誉、赔礼道歉等民事责任的，应当与行为的具体方式和造成的影响范围相当。

行为人拒不承担前款规定的民事责任的，人民法院可以采取在报刊、网络等媒体上发布公告或者公布生效裁判文书等方式执行，产生的费用由行为人负担。

▶理解与适用

本条是对侵害人格权承担消除影响、恢复名誉、赔礼道歉责任方法的规定。与人格权请求权相对应的是民事责任，包括消除影响、恢复名誉、赔礼道歉等，都是人格权请求权的内容。这里提到的几种民事责任，也都是精神性的民事责任。当精神性人格权受到侵害后，救济该种精神损害的民事责任，就是侵害精神性人格权请求权的具体内容。

确定消除影响、恢复名誉、赔礼道歉等精神性民事责任方式的具体方法，一是应当与行为的具体方式相当，二是与行为造成的影响范围相当。前者要求承担消除影响、恢复名誉、赔礼道歉责任，与行为人的行为方式相适应，例如造成恶劣影响的应当消除影响、造成名誉损害的应当恢复名誉，同时，在互联网上造成的损害，不能要求到传统媒体上消除影响。后者与行为造成的影响范围相当，不能扩大范围进行消除影响等，例如在本地报刊上进行诽谤，不能责令行为人在全国性传统媒体进行消除影响等。不相适应的消除影响、恢复名誉、赔礼道歉会扩大损害后果，给受害人的人格权益造成新的侵害。

▶条文参见

《安全生产法》第111条；《最高人民法院关于适用〈中华人民共和国民事诉讼法〉的解释》第503条、第504条

▶典型案例指引

葛某某诉洪某快名誉权、荣誉权纠纷案［北京市第二中级人民法院（2016）京02民终6272号民事判决书］

案件适用要点：对侵害英雄烈士名誉、荣誉等行为，英雄烈士的近亲属依法向人民法院提起诉讼的，人民法院应予受理。英雄烈士事迹和精神是中华民族的共同历史记忆和社会主义核心价值观的重要体现，英雄烈士的名誉、荣誉等受法律保护。人民法院审理侵害英雄烈士名誉、荣誉等案件，不仅要依法保护相关个人权益，还应发挥司法彰显公共价值功能，维护社会公共利益。任何组织和个人以细节考据、观点争鸣等名义对英雄烈士的事迹和精神进行污蔑和贬损，属于歪曲、丑化、亵渎、否定英雄烈士事迹和精神的行为，应当依法承担法律责任。

第一千零一条 自然人身份权利的保护

对自然人因婚姻家庭关系等产生的身份权利的保护，适用本法第一编、第五编和其他法律的相关规定；没有规定的，可以根据其性质参照适用本编人格权保护的有关规定。

▶理解与适用

身份权利是自然人基于婚姻家庭关系等产生的相互之间享

有的人身和财产方面的权利，对外具有排他性支配权，其发生原因为结婚、收养、血缘等，其消灭原因为离婚、解除收养、血缘排除等。从本法规定来看，亲权、配偶权、亲属权为典型的身份权。著作人身权不宜作为我国身份权的类型，荣誉权已经明确为人格权，也不宜作为身份权，婚姻自主权在体例上与其他人格权共同规定，与身份权分开规定，应认定为具体人格权。

亲权是父母基于其身份，对于未成年子女以教养保护为目的的权利义务的集合，包括人身和财产两方面的抚养、教育和保护等内容。配偶权基于结婚而取得。达到法定婚龄的男女双方，依法登记结婚后，双方互相取得配偶权。亲属权是（外）祖父母与（外）孙子女，兄弟姐妹，父母与成年子女之间基于身份关系而产生的法定权利。

▶条文参见

《未成年人保护法》第 2 章；《预防未成年人犯罪法》第 2 章；《妇女权益保障法》第 6 章；《反家庭暴力法》第 4 章；《老年人权益保障法》第 2 章；《治安管理处罚法》第 45 条；《最高人民法院关于确定民事侵权精神损害赔偿责任若干问题的解释》第 2 条

第二章　生命权、身体权和健康权

第一千零二条　生命权

自然人享有生命权。自然人的生命安全和生命尊严受法律保护。任何组织或者个人不得侵害他人的生命权。

▶理解与适用

生命权是以自然人的生命安全和生命尊严为客体的人格权。生命权包括：1. 生命享有权。每个人是自己生命权的享有者。

2. 生命维护权。对于侵害生命权的行为，自然人有权予以维护，维护的方式可以是自力救济，也可以是请求官方救济。3. 生命支配权。生命支配权主要体现在对生命尊严方面。生命尊严既包括生得有尊严，也包括死得有尊严。4. 生命保护请求权。生命保护请求权的对象不限于司法机关，还包括行政机关、负有法定救助义务的组织或个人等。

▶条文参见

《治安管理处罚法》第45条；《国家赔偿法》第34条

▶典型案例指引

汪某某诉仪征龙兴塑胶有限公司生命权纠纷案（《最高人民法院公报》2017年第6期）

案件适用要点：擅自砌墙将河道引入厂区妨碍行洪导致洪水毁墙夺路溺死他人，应承担侵权责任。根据《防洪法》第22条规定，禁止在河道、湖泊管理范围内建设妨碍行洪的建筑物、构筑物，禁止从事影响河势稳定、危害河岸堤防安全和其他妨碍河道行洪的活动。公民的生命权受法律保护。行为人因过错侵害他人民事权益，应当承担侵权责任。受害人对于损害的发生也具有过错的，可以减轻侵权人的民事责任。

第一千零三条　身体权

自然人享有身体权。自然人的身体完整和行动自由受法律保护。任何组织或者个人不得侵害他人的身体权。

▶理解与适用

本条是对身体权概念和内容的规定。身体权，是自然人享有的维护其身体组成部分完整，并支配其肢体、器官和身体组织的具体人格权。身体是指自然人（不是其他动物）的身体，即自然人的生理组织的整体，由头颅、肢体、器官、其他组织以及附属部分（如毛发、指甲）所构成的一个整体。法律意义上的身体强调了完整性、完全性、自由性。

［身体权的内容］

1. 维护身体的完整性，任何人不得破坏自然人的身体完整性。2. 支配自己身体的组成部分，包括对肢体、器官、身体其他组成部分的支配权，其前提是不得妨碍自己的生命和健康。

［身体权和健康权的区别］

1. 身体权保护的是身体完整和身体自由，而健康权保护的是身心健康。2. 身体权保护的目的是维护自然人身体组织的完整性、完全性、自由性，健康权保护的目的是维护自然人身体功能的完善性。只要对人体的功能造成了损害，那么就构成了对健康权的损害。比如，过失导致别人的眼睛失明等。3. 身体权一定程度体现了自然人对自己身体组成部分的支配性，而健康权则没有明显的支配性质。比如说，将自己的长发全部剃光的行为，体现了权利人对自己身体的支配。遵循自己意志自主行动，也体现了支配性。

▶条文参见

《精神卫生法》第 28 条；《治安管理处罚法》第 43 条；《国家赔偿法》第 33 条；《妇女权益保障法》第 37 条

▶典型案例指引

徐某某强制医疗案［四川省成都市武侯区人民法院（2013）武侯刑强初字第 1 号决定书］

案件适用要点： 审理强制医疗案件，对被申请人或者被告人是否“有继续危害社会可能”，应当综合被申请人或者被告人所患精神病的种类、症状，案件审理时其病情是否已经好转，以及其家属或者监护人有无严加看管和自行送医治疗的意愿和能力等情况予以判定。必要时，可以委托相关机构或者专家进行评估。

第一千零四条 健康权

自然人享有健康权。自然人的身心健康受法律保护。任何组织或者个人不得侵害他人的健康权。

▶理解与适用

本条是对健康权概念和内容的规定。健康权，是指自然人以自己的机体生理机能的正常运作和功能的完善发挥，维持人体生命活动的利益为内容的具体人格权。

健康权的客体是健康。健康，是指维持人体生命活动的生理机能的正常运作和功能的完善发挥，这两个要素协调一致发挥作用，达到维持人体生命活动的最终目的。本条规定身心健康是健康权的客体，对此存在不同看法，有的观点认为心理健康并不是健康权的内容，本条规定心理健康也是健康权保护的内容。

▶条文参见

《精神卫生法》第 27 条、第 83 条；《妇女权益保障法》第 38 条、第 46 条；《未成年人保护法》第 21 条、第 35 条、第 38 条

▶典型案例指引

尹某某诉颜某某健康权、身体权纠纷案（《最高人民法院公报》2019 年第 3 期）

案件适用要点：刑事案件受害人因犯罪行为受到身体伤害，另行提起民事侵权诉讼的，残疾赔偿金属于物质损失的范畴。刑事案件的受害人因犯罪行为受到身体伤害，未提起刑事附带民事诉讼，而是另行提起民事侵权诉讼的，关于残疾赔偿金是否属于物质损失范畴的问题，刑事诉讼法及司法解释没有明确规定。刑事案件受害人因犯罪行为造成残疾的，今后的生活和工作必然受到影响，导致劳动能力下降，造成生活成本增加，

进而变相地减少物质收入，故残疾赔偿金应属于物质损失的范畴，应予赔偿。

第一千零五条 物质性人格权受侵害时的法定救助义务

自然人的生命权、身体权、健康权受到侵害或者处于其他危难情形的，负有法定救助义务的组织或者个人应当及时施救。

▶理解与适用

本条规定的法定救助义务保护的范围限于生命权、身体权、健康权，其他人格权不在此限。

[特定救护义务的类型]

1. 特殊职业的法定救助义务。根据《人民警察法》第 21 条、《人民武装警察法》第 18 条、《执业医师法》第 24 条、《消防法》第 44 条等规定，人民警察、武装警察、医师、消防队具有法定的救助义务。2. 合同附随的救助义务。与人身安全密切相关的合同，合同当事人需要承担相应的救助义务。有的时候，这类救助义务会在法律法规中明确规定，体现了意定性和法定性的结合。比如，本法第 822 条、823 条规定了客运合同承运人的救助义务。再如，《船员条例》第 22 条、第 24 条规定船长的救助义务。3. 法定安全保障义务。公共场所的管理人或者群众性活动的组织者，未尽到安全保障义务，造成他人损害的，应当承担侵权责任。4. 先行行为的救助义务。先行行为导致行为人承担作为义务，这为民法和刑法所共同承认。如，结伴野外游泳的参与者负有互相照顾、救助义务。共同饮酒发生致人损害后果，共饮人没有尽到合理注意义务的，应当承担侵权损害赔偿责任。一方先行的侵权行为诱发了另一方采取一定危险行为并导致损害发生，虽然先行侵权行为并未直接导致最终损害，但若先行的侵权行为与最终损害之间存在相当因果关系，则也应当认定侵权人的责任成立。5. 特殊身份关系人的救助义务。特殊身份关系衍生了承担扶持、救助等义务，一是监护人的救助义务，二是亲属的救助义务。

▶条文参见

《执业医师法》第24条；《人民警察法》第21条；《人民武装警察法》第18条；《消防法》第5条、第44条；《消费者权益保护法》第18条第2款；《最高人民法院关于审理人身损害赔偿案件适用法律若干问题的解释》第6条

▶典型案例指引

刘某某等诉上海市公安局闵行分局救助义务行政纠纷案［上海市闵行区人民法院（2015）闵行初字第41号判决书］

案件适用要点：人民警察基于其身份特殊性，在公民人身、财产安全受到侵犯或陷于其他危难情形时，负有法律上的救助义务。在警察履行法定职责过程中，因追捕的正当职务行为导致犯罪嫌疑人面临人身危险时，其与嫌疑人之间即产生一种法律上的救助与被救助关系，若警察未采取任何救助措施，则属于行政法上不履行法定职责的情形。然而，判断警察是否履行了救助义务，不能仅以其是否成功阻止损害的发生为依据，而应综合具体案情，采用主客观相结合的标准，对其是否履行了救助义务进行认定。

第一千零六条　无偿捐献人体细胞、组织、器官和遗体

完全民事行为能力人有权依法自主决定无偿捐献其人体细胞、人体组织、人体器官、遗体。任何组织或者个人不得强迫、欺骗、利诱其捐献。

完全民事行为能力人依据前款规定同意捐献的，应当采用书面形式，也可以订立遗嘱。

自然人生前未表示不同意捐献的，该自然人死亡后，其配偶、成年子女、父母可以共同决定捐献，决定捐献应当采用书面形式。

▶理解与适用

本条是对自然人捐献人体组成部分及方式的规定。

［捐献主体］

1. 结合《人体器官移植条例》第9条，必须是完全民事行为能力人，但未满18周岁公民（包括16周岁以上的以自己的劳动收入为主要生活来源的未成年人）不在此限。2. 精神病人等限制民事行为能力的成年人也不可以实施捐献行为。假设同胞兄弟姐妹，哥哥为精神病人，弟弟需要肾脏，哥哥不能实施捐献行为。3. 死后捐献由配偶、成年子女、父母共同决定。一是死后捐献不需要死者有明确的捐献意思表示，只要不反对即可。二是未成年子女不能决定捐献。按照本法规定，法定继承的第一顺位是配偶、子女、父母，第二顺位是兄弟姐妹、祖父母、外祖父母。从本条规定来看，死后捐献的主体比第一顺位继承人范围还窄。三是死者配偶、成年子女、父母故意杀害死者的，应适用总则有关公序良俗等规定，应否认其享有决定捐献权。

▶条文参见

《献血法》第2条；《人体器官移植条例》第7－10条

▶典型案例指引

易某某、廖某某与某医院医疗损害责任纠纷案［湖南省长沙市中级人民法院（2017）湘01民终1092号民事判决书］

案件适用要点：考虑到某医院未依规在人体器官捐献完成后7日内向易某某、廖某某通报捐献结果也未及时将易某名字录入该院张榜公布的捐献者名单，存在工作失误，一审判决某医院补偿易某某、廖某某60000元并无不当，二审法院予以认可。

第一千零七条 禁止买卖人体细胞、组织、器官和遗体

禁止以任何形式买卖人体细胞、人体组织、人体器官、遗体。

违反前款规定的买卖行为无效。

▶理解与适用

本条是对禁止买卖人体组成部分的规定。任何人体细胞、人体组织、人体器官以及遗体，都是人的身体组成部分，或者是人的身体的变异物，都不是交易的对象。出于救助他人的高尚目的，自然人可以将自己的身体组成部分或者遗体捐献给他人或者公益组织，但这不是买卖。进行人体细胞、人体组织、人体器官或者遗体的买卖行为，是违法行为。任何买卖人体细胞、人体组织、人体器官以及遗体的行为，都是无效的行为，都在被禁止之列。

▶条文参见

《刑法》第 234 条之一

第一千零八条 人体临床试验的伦理审查与知情同意权

为研制新药、医疗器械或者发展新的预防和治疗方法，需要进行临床试验的，应当依法经相关主管部门批准并经伦理委员会审查同意，向受试者或者受试者的监护人告知试验目的、用途和可能产生的风险等详细情况，并经其书面同意。

进行临床试验的，不得向受试者收取试验费用。

▶理解与适用

［临床试验的范围］

1. 研制新药；2. 研制新的医疗器械；3. 发展新的预防方法；4. 发展新的治疗方法。超出这个范围进行的临床试验，都是违法的，都是侵害受试者的身体权、健康权的行为。

[临床试验的程序]

1. 依法经过相关主管部门的批准；2. 经过医疗机构的伦理委员会审查同意；3. 须向受试者或者其监护人履行告知义务，告知的内容是实验目的、用途和可能发生的风险等，告知的要求是要详细；4. 接受临床试验者须有书面同意，口头同意不发生效力，以避免日后发生纠纷。

▶条文参见

《执业医师法》第 26 条、第 37 条；《药品管理法》第 21 条、第 23 条；《医疗机构管理条例》第 33 条；《涉及人的生物医学研究伦理审查办法》第 4 条、第 5 条、第 7 条、第 11－13 条；《药物临床试验质量管理规范》第 10 条、第 15 条

▶典型案例指引

白某某、红某等与内蒙古某医院、太原市某某科技有限公司等医疗损害责任纠纷案［内蒙古自治区通辽市科尔沁区人民法院（2017）内 0502 民初 8898 号民事判决书］

案件适用要点：本案中争议焦点问题为本案中清脑宣窍滴丸Ⅲ期的临床应用是否符合药物临床试验规范，是否履行了明确的法律规定范围内告知义务以及按照相关协议原告病情是否符合清脑宣窍滴丸Ⅲ期临床试验选取的范围及主体，原、被告双方出示的鉴定意见是否符合法律规定及被告承担责任的主体和范围。《药物临床试验质量管理规范》规定进行药物临床试验必须有充分的科学依据。在进行人体试验前，必须周密考虑该试验的目的及要解决的问题，应权衡对受试者和公众健康预期的受益及风险，预期的受益应超过可能出现的损害。选择临床试验方法必须符合科学和伦理要求。药物临床试验是指任何在人体（病人或健康志愿者）进行的药物的系统性研究，以证实或发现试验药物的临床、药理或其他药效学方面的作用、不良反应或吸收、分布、代谢及排泄，目的是确定试验药物的安全性和有效性。

第一千零九条　从事人体基因、胚胎等医学和科研活动的法定限制

从事与人体基因、人体胚胎等有关的医学和科研活动，应当遵守法律、行政法规和国家有关规定，不得危害人体健康，不得违背伦理道德，不得损害公共利益。

▶理解与适用

本条是对从事与人体基因、人体胚胎有关的医学和科研活动须依法进行的规定。人体基因，是DNA分子上携带有遗传信息的功能片段，是生物传递遗传信息的物质。研究人体基因，就是通过体液、血液检测，经提取和扩增其基因信息后，通过基因芯片技术或超高通量SNP分型技术，对被检测者细胞中的DNA分子的基因信息进行检测，使人们能及时了解自己的基因信息，预测身体患病的风险。人体胚胎是指从受精至第八周末的发育时期，即胚前期和胚期的胚胎。

本条规定人体胚胎的一个重要意义是在司法实践中出现的人体冷冻胚胎权属争议的案件，对人体冷冻胚胎的民法属性不明确。有了本条规定，尽管仍然没有规定其具体的属性，但是法律对此作出了规定，就可以以此作为法律依据，对权属争议进行判决。

▶条文参见

《人类遗传资源管理条例》第2条、第7条、第8条、第9条、第10条；《基因工程安全管理办法》第2条、第3条、第30条

第一千零一十条　性骚扰的民事责任与单位预防义务

违背他人意愿，以言语、文字、图像、肢体行为等方式对他人实施性骚扰的，受害人有权依法请求行为人承担民事责任。

机关、企业、学校等单位应当采取合理的预防、受理投诉、调查处置等措施，防止和制止利用职权、从属关系等实施性骚扰。

▶理解与适用

本条是对自然人享有性自主权和规制性骚扰行为的规定。本条直接规定的是对性骚扰行为的规制办法，但是其中包含着性自主权。本条保护主体不限于女性，男女都是本条保护的对象。

性自主权是自然人依照自己的意志支配其性利益的具体人格权。未成年人尚未性成熟，不能行使性自主权，自 18 周岁起，方可行使该权利，支配自己的性利益。性自主权不是身体权的组成部分，而是独立的具体人格权。

性骚扰行为，是行为人违背权利人的意志，实施性交之外的侵害权利人性自主权的行为。侵害的形式主要是文字、图像、电子信息等言语或者行为，如强奸、欺诈诱使同居或发生性行为、强迫他人卖淫、猥亵、提出不受欢迎的性要求或者性提议等。为了更好保护被骚扰人的利益，不需要被骚扰人以言词反对，侵害人如果发送含有性信息的短消息、图片等，即使被骚扰人没有明确反对，也可以认定构成性骚扰。

本条第 1 款规定的是权利保护主义的规则，第 2 款暗含的是职场保护主义的规则，但只规定了机关、企业、学校等单位的职场责任，即在工作场所采取合理的预防、受理投诉、调查处置等措施，防止和制止对职场工作人员进行性骚扰。

▶条文参见

《妇女权益保障法》第 40 -42 条、第 58 条；《治安管理处罚法》第 42 条、第 44 条、第 66 条、第 67 条、第 69 条；《未成年人保护法》第 41 条、第 56 条

第一千零一十一条　人身自由权

以非法拘禁等方式剥夺、限制他人的行动自由，或者非法搜查他人身体的，受害人有权依法请求行为人承担民事责任。

▶理解与适用

本条是对人身自由利益的规定，从体系上其属于身体权的保护范围。人身自由权是民事自由权中的一部分，是指自然人在法律规定的范围内，按照自己的意志和利益进行行动和思维，不受约束、控制或妨碍的权利。本条没有直接将人身自由作为独立的人格权类型，而是将其作为身体权的保护内容。

［侵害行动自由的表现形式］

1. 强制治疗。强制治疗是否构成侵权主要依据《精神卫生法》第30条进行判定。2. 强迫劳动。强迫劳动罪是《刑法》所规定的罪名。被告采取暴力、威胁、限制人身自由的方法，强迫他人劳动，情节严重，其行为构成强迫劳动罪。当然，不存在劳动关系或者雇佣关系时，也可能发生强迫劳动。3. 强制交易。有些经营者通过限制消费者的人身自由，甚至扣留、殴打消费者，以达到消费者不自愿购买物品的目的，如“黑导游”。4. 非法搜查。没有合法手续搜查他人身体的，都是侵害人身自由的行为，都应当承担民事责任。5. 非法拘禁。在侵害人身自由权的行为中，非法拘禁等方式并不重要，重要的是剥夺、限制他人的行动自由，凡是非法剥夺、限制他人行动自由的行为，都是侵害人身自由权的行为。6. 非法阻碍。如果养老中心拒绝为子女看望父母提供便利条件，进行阻挠，也应构成侵害行动自由。

▶条文参见

《宪法》第37条；《立法法》第8条；《消费者权益保护

法》第27条；《治安管理处罚法》第40条、第41条；《妇女权益保障法》第34条、第39条；《国家赔偿法》第3条；《精神卫生法》第5条、第30条、第31条；《劳动法》第96条；《刑法》第238条、第244条；《最高人民法院关于确定民事侵权精神损害赔偿责任若干问题的解释》第1条

▶**典型案例指引**

朱某某申请无罪逮捕赔偿案（最高人民法院指导案例42号）

案件适用要点：国家机关及其工作人员行使职权时侵犯公民人身自由权，严重影响受害人正常的工作、生活，导致其精神极度痛苦，属于造成精神损害严重后果。赔偿义务机关支付精神损害抚慰金的数额，应当根据侵权行为的手段、场合、方式等具体情节，侵权行为造成的影响、后果，以及当地平均生活水平等综合因素确定。

第三章　姓名权和名称权

第一千零一十二条　姓名权

自然人享有姓名权，有权依法决定、使用、变更或者许可他人使用自己的姓名，但是不得违背公序良俗。

▶**理解与适用**

本条是对姓名权的概念和内容的规定。姓名权是法律史上首先被立法认可的人格权之一，这很大程度上取决于其与自然人主体的紧密关系。

姓名的法律意义主要在于，使一个自然人与其他自然人区别开来，在一定意义上姓名是主体存在的标志，也是自然人从事民事活动，行使法律赋予的各种权利和承担相应义务的前提条件。法律上的姓名不仅包括正式的登记姓名，而且也包括其

他类似于姓名的笔名、艺名、绰号、网名等非正式姓名。姓名权是自然人决定、使用和依法变更自己姓名，并排除他人干涉或非法使用的权利。

姓名权的内容是：1. 决定权，也叫命名权，即自然人对自己的姓名的决定权。由于人出生即要命名，而权利人无法自己行使这一权利，因而由其亲权人行使命名权。2. 使用权，姓名权人有权使用自己的姓名，用以区别自己与其他自然人的不同，确定自己的主体地位，实施民事法律行为。3. 变更权，自然人对自己的姓名可以进行变更，不过通常变更的是名，而不是姓，变更姓名时须经变更姓名的登记。4. 许可他人使用自己姓名的权利，由于姓名权具有专属性，准许他人使用须为正当，例如委托代理、法定代理、意定代理对本人姓名的使用是正当的许可使用，未经本人同意，又没有行使他人姓名权的免责事由的，构成侵害姓名权的侵权行为。

▶条文参见

《反不正当竞争法》第6条；《刑事诉讼法》第64条；《最高人民法院关于审理不正当竞争民事案件应用法律若干问题的解释》第6条、第7条；《最高人民法院关于范曾诉盛林虎姓名权纠纷案的复函》

▶典型案例指引

周某某诉中建荣真无锡建材科技有限公司肖像权、姓名权纠纷案（上海市第一中级人民法院（2017）沪01民初1211号之一民事裁定书）

案件适用要点：在涉外人格权侵权纠纷中，双方当事人援引相同的法律且未提出法律适用异议的，人民法院可以认定当事人已经就该民事关系的准据法做出了一致的选择。当姓名权和肖像权具有商业化使用权能时，当事人仅以《侵权责任法》为依据进行主张，该人格权的精神利益和财产价值可一并予以保护，包括属于合理开支的律师费用等均应纳入人格权的损害赔偿范围。在酌定赔偿数额时，人民法院应该结合权利类型、侵权方式、侵权程度、被侵权人和侵权人的身份地位、经济情况、获利情况、过错类型、其他情形等方面予以整合考虑。

第一千零一十三条 名称权

法人、非法人组织享有名称权，有权依法决定、使用、变更、转让或者许可他人使用自己的名称。

▶理解与适用

本条是对法人、非法人组织享有的名称权及内容的规定。名称是指法人及特殊的自然人组合等主体在社会活动中，用以确定和代表自身，并区别于他人的文字符号和标记。民商事主体的名称起到了区别的作用，为其从事民商事等各类活动的基本前提。名称权，是指法人和非法人组织依法享有的决定、使用、变更或者依照法律规定许可他人使用自己名称，并排除任何组织和个人非法干涉、盗用或者冒用的具体人格权。

[名称权主体]

根据本条规定名称权的主体限于法人和非法人组织。但是除了法人和非法人组织，有些自然人组合也有名称，例如没有民事主体地位的合伙可以起字号。对于这些没有主体地位的自然人组合的名称权，比照适用名称权的规则进行保护。再如，农民专业合作社也拥有名称权。

[名称权存续期间]

一般而言，名称也伴随着民商事主体的始终，与其共存亡。《公司登记管理条例》第19条规定："预先核准的公司名称保留期为6个月。预先核准的公司名称在保留期内，不得用于从事经营活动，不得转让。"据此，名称权的保护开始时间似乎为预核准开始之日。考虑到，国务院已经决定以自主申报取代预核准制度，因此，企业名称权的开始时间宜定为自名称登记之日，终止时间为注销登记之日。

[名称权的内容]

1. 名称设定权，主要是名称不得与其他名称相同或者近似，避免主体混同。2. 名称使用权，主要是禁止他人假冒、盗用等不当使用，对于侵害名称权的行为，权利人可以依法请求损害赔偿。授权他人使用企业名称也是名称权行使的重要形式，一般需要采取签订合同的形式。3. 名称变更权，主要是可以依照法律规定变更自己的名称，这方面有些强行性规定。4. 名称转让权，名称权转让可以分为部分转让和全部转让。

▶条文参见

《农民专业合作社法》第12条、第56条；《反不正当竞争法》第6条；《企业名称登记管理规定》第3条、第6条、第7条、第9条、第10条、第13条；《公司登记管理条例》第11条；《企业法人登记管理条例》第10条；《个体工商户条例》第8条第2款；《农民专业合作社登记管理条例》第6条；《社会团体登记管理条例》第8条、第10条、第23条；《民办非企业单位登记管理暂行条例》第2条、第8条；《外国企业常驻代表机构登记管理条例》第10条；《最高人民法院关于审理不正当竞争民事案件应用法律若干问题的解释》第6条；《最高人民法院关于审理注册商标、企业名称与在先权利冲突的民事纠纷案件若干问题的规定》第2-4条

▶典型案例指引

天津中国青年旅行社诉天津国青国际旅行社擅自使用他人企业名称纠纷案（最高人民法院指导案例29号）

案件适用要点：对于企业长期、广泛对外使用，具有一定市场知名度、为相关公众所知悉，已实际具有商号作用的企业名称简称，可以视为企业名称予以保护。擅自将他人已实际具有商号作用的企业名称简称作为商业活动中互联网竞价

排名关键词，使相关公众产生混淆误认的，属于不正当竞争行为。

第一千零一十四条　禁止侵害他人的姓名或名称

任何组织或者个人不得以干涉、盗用、假冒等方式侵害他人的姓名权或者名称权。

▶理解与适用

本条是对姓名权和名称权的义务主体负有的义务的规定。

[侵害姓名权、名称权的方式]

1. 干涉他人设定、使用、变更名称。比如，工商行政管理机关工作人员无故拒绝他人设定企业名称，竞争对手恶意阻止他人变更企业名称等。2. 盗用、假冒他人名称。这方面主要是擅自使用他人有一定影响的企业名称（包括简称、字号等）、社会组织名称（包括简称等）、姓名（包括笔名、艺名、译名等），引人误认为是他人商品或者与他人存在特定联系。3. 应使用而不使用他人名称。这种行为一般要求加害人具有使用他人名称的义务，如果没有使用他人名称的义务，那么就不构成侵害他人名称权。

[侵害名称权的民事责任]

名称权受到侵害的，可以寻求人格权请求权、侵权请求权等救济手段，也可以请求市场监管部门实施行政监管。另外，根据《最高人民法院关于确定民事侵权精神损害赔偿责任若干问题的解释》第5条规定，侵害名称权不给予精神损害赔偿是合理的。

▶条文参见

《英雄烈士保护法》第22条、第23条；《网络安全法》第41－45条、第76条；《最高人民法院关于审理商标授权确权行政案件若干问题的规定》第20条；《最高人民法院关于确定民事侵权精神损害赔偿责任若干问题的解释》第1条；《最高人

民法院关于审理注册商标、企业名称与在先权利冲突的民事纠纷案件若干问题的决定》第1-4条

▶典型案例指引

成都同德福合川桃片有限公司诉重庆市合川区同德福桃片有限公司、余晓华侵害商标权及不正当竞争纠纷案（最高人民法院指导案例58号）

案件适用要点：与“老字号”无历史渊源的个人或企业将“老字号”或与其近似的字号注册为商标后，以“老字号”的历史进行宣传的，应认定为虚假宣传，构成不正当竞争。与“老字号”具有历史渊源的个人或企业在未违反诚实信用原则的前提下，将“老字号”注册为个体工商户字号或企业名称，未引人误认且未突出使用该字号的，不构成不正当竞争或侵犯注册商标专用权。

第一千零一十五条 自然人姓氏的选取

自然人应当随父姓或者母姓，但是有下列情形之一的，可以在父姓和母姓之外选取姓氏：

（一）选取其他直系长辈血亲的姓氏；

（二）因由法定扶养人以外的人扶养而选取扶养人姓氏；

（三）有不违背公序良俗的其他正当理由。

少数民族自然人的姓氏可以遵从本民族的文化传统和风俗习惯。

▶理解与适用

本条是对自然人姓氏选取规则的规定。

［姓氏选择的一般原则］

子女随父姓或者母姓是一般规则，至于随父姓的血缘传承，还是随母姓的血缘传承，则可以选择。实践中随父姓的居多。姓氏的变更涉及抚养权问题。父母不得因子女变更姓氏而拒付

子女抚育费。父或母一方擅自将子女姓氏改为继母或继父姓氏而引起纠纷的，应责令恢复原姓氏。如果另一方不同意的，人民法院可以根据申请，按照最有利于未成年子女保护的原则确定，对于限制民事行为能力人，应征得其同意，未成年人成年后自行选择姓氏。

［选取父姓或母姓以外的第三姓］

1. 选取其他长辈直系血亲的姓氏，例如祖父母、外祖父母的姓氏与父母姓氏不一致，而选择祖父母、外祖父母的姓氏。2. 因由法定扶养人以外的人扶养而选取扶养人姓氏，例如长期被父母以外的人扶养但未形成收养关系，而随扶养人的姓氏。3. 有不违背公序良俗的其他正当理由，例如本家族原姓氏为“萧”，因错误简化为“肖”，故恢复姓萧。

自然人是少数民族的，其姓氏依据民族自治原则，遵从本民族的文化传统和风俗习惯。

▶典型案例指引

“北雁云依”诉济南市公安局历下区分局燕山派出所公安行政登记案（最高人民法院指导案例89号）

案件适用要点：公民选取或创设姓氏应当符合中华传统文化和伦理观念。仅凭个人喜好和愿望在父姓、母姓之外选取其他姓氏或者创设新的姓氏，不属于有不违反公序良俗的其他正当理由。

第一千零一十六条　决定、变更姓名、名称及转让名称的规定

自然人决定、变更姓名，或者法人、非法人组织决定、变更、转让名称的，应当依法向有关机关办理登记手续，但是法律另有规定的除外。

民事主体变更姓名、名称的，变更前实施的民事法律行为对其具有法律约束力。

▶理解与适用

本条是对民事主体决定、变更姓名、名称及法人、非法人组织转让名称的规定。无论是自然人决定、变更自己的姓名，还是法人、非法人组织决定、变更、转让自己的名称，都应当依照本条的规定，向有关机关办理登记手续。

其中姓名登记为行政确认行为。只要不违反姓名登记的禁止性规定，则公安机关无权拒绝申请人的姓名登记。名称登记为行政许可行为。姓名登记应采取登记对抗主义，非经登记的，不得对抗善意第三人。名称应采取登记生效主义，非经登记的，不产生法律效力。

[法律另有规定的情形]

法律另有规定的情形主要是指公法人。比如，国务院行政机构及其司级内设机构的名称应当规范、明确，并与该机构的类型和职能相称。国务院行政机构及其司级内设机构不得擅自变更名称。地方各级人民政府行政机构的设立、撤销、合并或者变更规格、名称，由本级人民政府提出方案，经上一级人民政府机构编制管理机关审核后，报上一级人民政府批准；其中，县级以上地方各级人民政府行政机构的设立、撤销或者合并，还应当依法报本级人民代表大会常务委员会备案。

本条说的转让名称，是法人、非法人组织全部转让名称，这不仅是转让名称，而且是让与名称权。这里的转让名称，不包括部分转让，即许可他人使用自己的名称。部分转让名称，适用许可使用合同，应当依照许可使用合同的约定，确定转让方和受让方的权利义务关系。

▶条文参见

《高等教育法》第29条；《律师法》第21条；《商业银行法》第24条；《保险法》第84条；《劳动合同法》第33条；《外资保险公司管理条例》第22条；《互联网上网服务营业场所管理条例》第13条；《人力资源市场暂行条例》第21条；

《融资担保公司监督管理条例》第9条；《旅行社条例》第50条；《印刷业管理条例》第12条；《出版管理条例》第17条、第44条；《营业性演出管理条例》第8条；《音像制品管理条例》第18条、第33条；《公司登记管理条例》第28条、第48条；《征信业管理条例》第9条；《使用有毒物品作业场所劳动保护条例》第15条；《电影管理条例》第39条；《户口登记条例》第18条；《国务院行政机构设置和编制管理条例》第16条；《地方各级人民政府机构设置和编制管理条例》第9条、第13条、第26条

第一千零一十七条 姓名与名称的扩展保护

具有一定社会知名度，被他人使用足以造成公众混淆的笔名、艺名、网名、译名、字号、姓名和名称的简称等，参照适用姓名权和名称权保护的有关规定。

▶理解与适用

本条是对笔名、艺名、网名、字号及简称予以保护的规定。

笔名，是写作者在发表作品时使用的标表作者人格特征的署名，例如鲁迅、二月河等。艺名，是艺术家在艺术领域使用的标表自己人格特征的署名，例如红线女、小白玉霜等。网名，是自然人以及其他主体在互联网等网络上使用的署名、昵称。字号，是法人、非法人组织的名号。姓名的简称，通常是只称谓姓或者只称谓名，或者其他简称例如字、号。法人、非法人组织名称的简称比较普遍，例如北京大学称之为北大、南京大学称之为南大。

[适用条件]

1. 具有一定知名度，即这些称谓必须达到一定的社会知名度，否则不予以保护，例如鲁迅、金庸这样笔名具有相当的知名度，就应当适用姓名权的保护方法予以保护；2. 被他人使用足以造成公众混淆，例如北方工业大学或者北京交通大学如果

称为"北大"，就会与北京大学相混淆。

▶**条文参见**

《反不正当竞争法》第6条；《最高人民法院关于审理商标授权确权行政案件若干问题的规定》第20条；《最高人民法院关于审理不正当竞争民事案件应用法律若干问题的解释》第6条

▶**典型案例指引**

山东起重机有限公司与山东山起重工有限公司侵犯企业名称权纠纷案（《最高人民法院公报》2010年第3期）

案件适用要点：企业名称的简称源于语言交流的方便。企业简称的形成与两个过程有关：一是企业自身使用简称代替其正式名称；二是社会公众对于企业简称的认同，即认可企业简称与其正式名称所指代对象为同一企业。由于简称省略了正式名称中某些具有限定作用的要素，可能会不适当地扩大正式名称所指代的对象范围。因此，企业简称能否特指该企业，取决于该企业简称是否为相关社会公众所认可，并在相关社会公众中建立起与该企业稳定的关联关系。对于具有一定的市场知名度、为相关社会公众所熟知并已经实际具有商号作用的企业或者企业名称的简称，可以视为企业名称。如果经过使用和社会公众认同，企业的特定简称已经在特定地域内为相关社会公众所认可，具有相应的市场知名度，与该企业建立了稳定的关联关系，具有识别经营主体的商业标识意义，他人在后擅自使用该知名企业简称，足以使特定地域内的相关社会公众对在后使用者和在先企业之间发生市场主体的混淆、误认，在后使用者就会不恰当地利用在先企业的商誉，侵害在先企业的合法权益。具有此种情形的，应当将在先企业的特定简称视为企业名称，并根据《中华人民共和国反不正当竞争法》第5条第3项的规定加以保护。

第四章　肖 像 权

第一千零一十八条　肖像权及肖像

自然人享有肖像权，有权依法制作、使用、公开或者许可他人使用自己的肖像。

肖像是通过影像、雕塑、绘画等方式在一定载体上所反映的特定自然人可以被识别的外部形象。

▶理解与适用

本条是对自然人享有的肖像权及客体的规定。

肖像权，是指自然人以在自己的肖像上所体现的人格利益为内容，享有的制作、使用、公开以及许可他人使用自己肖像的具体人格权。

肖像的概念，本条第2款明确界定为“是通过影像、雕塑、绘画等方式在一定载体上所反映的特定自然人可被识别的外部形象”。肖像的要素是：1. 表现方法是艺术或技术手段，如影像、雕塑、绘画等；2. 须固定在一定的载体之上，而不是镜中影、水中形；3. 可被识别，肖像具有人格标识的作用，可以通过固定在载体上的形象区分本人与他人人格特征的不同，不具有可识别性的形象就不是肖像；4. 自然人的外部形象，这个要素有些宽泛，因为通常界定肖像是“以面部形象为主的形象”，这里使用外部形象，并不专指肖像，而且也包含了“形象权”的概念，例如，可供识别的自然人的手、脚、背的外部形象被侵害，算不算是侵权呢？曾经讨论过的“半张脸”是否为肖像呢？在这个条文里，这些问题就能够得到答案。

［漫画呈现的个人肖像是法律意义上的肖像］

作为绘画艺术的一种，漫画能够体现人物的基本特征。一般来讲，漫画表现了人物的外部形象的最典型特征，因此，我们一旦看到一幅漫画就很容易对号入座，画中人和原型人之间的这种一一对应关系符合肖像权保护的一般规律。因此，漫画中所呈现的个人肖像也是法律意义上的肖像。

［肖像权的内容］

1. 制作权。权利人可以依照自己的意愿，通过多种艺术表现形式制作自己的肖像，例如自拍。2. 使用权。权利人对于自己的肖像，依照自己的意愿决定如何使用，例如自我欣赏。3. 公开权。权利人有权依照自己的意愿决定自己的肖像是否可以公开，怎样进行公开。4. 许可他人使用权。权利人可以与他人协商，签订肖像许可使用合同，准许他人使用自己的肖像，这实际上是对肖像权使用权的部分转让，只要符合法律的规定，不违反法律规定和公序良俗，都是正当的行为。

▶条文参见

《妇女权益保障法》第 42 条；《广告法》第 33 条；《涉外民事关系法律适用法》第 46 条；《最高人民法院关于审理利用信息网络侵害人身权益民事纠纷案件适用法律若干问题的规定》第 1 条；《最高人民法院关于审理专利纠纷案件适用法律问题的若干规定（2015 年修正）》第 16 条

▶典型案例指引

迈克尔·杰弗里·乔丹与国家工商行政管理总局商标评审委员会、第三人乔丹体育股份有限公司商标争议行政纠纷案（《最高人民法院公报》2018 年第 9 期）

案件适用要点：肖像权所保护的“肖像”应当具有可识别性，其中应当包含足以使社会公众识别其所对应的权利主体，即特定自然人的个人特征，从而能够明确指代其所对应的权利主体。

如果请求肖像权保护的标识不具有可识别性，不能明确指代特定自然人，则难以在该标识上形成依法应予保护，且归属于特定自然人的人格尊严或人格利益。

如果当事人主张肖像权保护的标识并不具有足以识别的面部特征，则应当提供充分的证据，证明该标识包含了其他足以反映其所对应的自然人的个人特征，具有可识别性，使得社会公众能够认识到该标识能够明确指代该自然人。

第一千零一十九条　肖像权的保护

任何组织或者个人不得以丑化、污损，或者利用信息技术手段伪造等方式侵害他人的肖像权。未经肖像权人同意，不得制作、使用、公开肖像权人的肖像，但是法律另有规定的除外。

未经肖像权人同意，肖像作品权利人不得以发表、复制、发行、出租、展览等方式使用或者公开肖像权人的肖像。

▶理解与适用

本条从反面规定了肖像权的内容，也是肖像权保护的法律基础。

[侵害肖像权的行为表现]

1. 丑化、污损为常见的侵害他人肖像权行为。但是，并不是所有的丑化、污损都构成违法行为。游乐场为增加娱乐效果将游客面部移到卡通图画上面等，没有达到丑化、污损的恶劣程度，不具有违法性的构成要件。2. 利用信息技术手段伪造他人肖像为新规定。利用 AI 等信息技术手段能实现对人脸的“深度伪造”，可以实现肖像的任意移植，完全能达到以假乱真的目的。只要行为人利用信息技术手段伪造行为人的肖像，都可以适用本条及侵权责任编的有关规定予以规制。由于不少网站售卖“换脸”软件，网络服务提供者未尽相应义务可能要承担连带责任。

[肖像权与著作权的协调]

本书认为，肖像作品既指专门针对自然人的肖像创作的作品如人像素描、摄影、塑像等，也可以指风景画作品中自然人的肖像，只要该肖像具有可识别性，就适用肖像权保护等有关规定。由于肖像是通过艺术方式固定在特定的载体之上，构成作品，因而就存在作品的著作权人，除非权利人本人自己作为作者，例如自画像。从原则上说，肖像的作者虽然享有肖像作品的著作权，但是受到肖像权的拘束，只要未经权利人的同意，肖像作品的权利人也不得以发表、复制、发行、出租、展览等方式使用或者公开肖像权人的肖像。因此，本条第2款的规定是很重要的，需要特别强调。

▶条文参见

《妇女权益保障法》第42条；《精神卫生法》第4条；《英雄烈士保护法》第22条；《艾滋病防治条例》第39条；《最高人民法院关于上海科技报社和陈贯一与朱虹侵害肖像权上诉案的函》

第一千零二十条 肖像权的合理使用

合理实施下列行为的，可以不经肖像权人同意：

（一）为个人学习、艺术欣赏、课堂教学或者科学研究，在必要范围内使用肖像权人已经公开的肖像；

（二）为实施新闻报道，不可避免地制作、使用、公开肖像权人的肖像；

（三）为依法履行职责，国家机关在必要范围内制作、使用、公开肖像权人的肖像；

（四）为展示特定公共环境，不可避免地制作、使用、公开肖像权人的肖像；

（五）为维护公共利益或者肖像权人合法权益，制作、使用、公开肖像权人的肖像的其他行为。

▶理解与适用

本条是对肖像合理使用的规定。符合本条规定的特定事由，可以不经过肖像权人的同意，直接使用肖像权人的肖像，不构成侵害肖像权。总体来讲，肖像权合理使用规则主要是针对非商业使用而言，而未涉及商业性使用的任何事由，商业性使用他人肖像，仍然需要经过肖像权人同意，并支持一定价款。合理使用不能超过一定的“度”，“必要范围”“不可避免”“已经公开”都是对合理的限制。

▶条文参见

《著作权法》第22条、第23条

第一千零二十一条 肖像许可使用合同的解释

当事人对肖像许可使用合同中关于肖像使用条款的理解有争议的，应当作出有利于肖像权人的解释。

▶理解与适用

本条是对肖像许可使用合同的规定。肖像许可使用合同，是肖像权人与授权使用人就肖像使用范围、方式、期限、报酬等内容进行约定的合同。对此，双方当事人应当遵守约定，行使约定的权利和履行约定的义务，实现各自的利益。

肖像许可使用合同可以对肖像使用的范围、方式、报酬等进行约定。双方当事人如果对这些约定发生争议，应当依照《民法典合同编》规定的合同解释原则进行解释。由于肖像许可使用合同是支配人格利益的合同，因此，在解释时，对争议应当作出有利于肖像权人的解释，以保护肖像权人的合法权益。例如约定的使用方式不够明确，双方发生争议，为保护肖像权人的合法权益，可以采用肖像权人的理解作为解释的基础。

▶条文参见

《保险法》第30条；《旅行社条例》第29条；《最高人民法院关于适用〈中华人民共和国合同法〉若干问题的解释(二)》第7条

第一千零二十二条 肖像许可使用合同期限

当事人对肖像许可使用期限没有约定或者约定不明确的，任何一方当事人可以随时解除肖像许可使用合同，但是应当在合理期限之前通知对方。

当事人对肖像许可使用期限有明确约定，肖像权人有正当理由的，可以解除肖像许可使用合同，但是应当在合理期限之前通知对方。因解除合同造成对方损失的，除不可归责于肖像权人的事由外，应当赔偿损失。

▶理解与适用

本条是对肖像许可使用合同解除权的规定。肖像许可使用合同的解除权分为两种情况：

1. 没有约定期限或者期限约定不明确的解除规则。对于没有约定期限或者期限约定不明确的肖像许可使用合同，双方当事人可以随时解除合同。本法租赁合同、承揽合同、不定期物业服务合同、不定期合伙合同等都规定了随时解除权。为了避免对方当事人因合同解除受到损失，上述合同都规定了合理期限通知义务，这个期限因合同类型而有所不同，如本法规定不定期物业服务合同，应当提前60日书面通知对方。本款涉及的合理期限需要结合具体情况具体分析。由于本款没有规定解除方式，双方当事人可以以书面或者口头方式解除合同。这种解除权是任意解除权，不受法定解除权、约定解除权、协商解除的限制，只要一方提出行使解除权，通知对方之后，该合同即解除。

2. 有明确约定的解除规则。当事人对肖像许可使用期限有明确约定，只有肖像权人享有解除权，且须有正当理由，才可以解除肖像许可使用合同，但是也应当在合理期限之前通知对方。与没有约定使用期限或者约定不明确的解除权的区别是，使用期限有明确约定的，在使用期限内行使解除权是肖像权人的权利，且须肖像权人有正当理由，使用肖像的一方当事人没有这种解除权。肖像权人没有正当理由也不得行使解除权。正当理由的确定，应当根据具体情形判断。肖像权人没有正当理由而解除合同的，构成违约，应当承担违约责任。肖像权人行使解除权，因解除合同造成对方损失的，应当承担赔偿责任，但是对因不可归责于肖像权人的事由而行使解除权的，不承担赔偿责任。

第一千零二十三条 姓名、声音等的许可使用参照肖像许可使用

对姓名等的许可使用，参照适用肖像许可使用的有关规定。

对自然人声音的保护，参照适用肖像权保护的有关规定。

▶理解与适用

本条是对其他人格利益许可使用和声音权的规定。本条规定了两个准用条款：

1. 对姓名、名称等其他人格利益等的许可使用，参照适用肖像许可使用合同规则的准用条款。对于人格利益许可使用的具体行使规则，人格权编只在肖像权的规定中，规定了肖像许可使用合同规则，没有对其他人格利益的许可使用作出具体规定。实际上，人格权人许可使用人格利益，具体规则基本上都是一样的，因此，采取了只规定肖像许可使用合同的规则，然后再规定本条的准用条款，规定姓名、名称等其他人格利益的许可使用，准用肖像许可使用合同的规则，规则明确、简洁，既便于操作，又节省立法的篇幅。准用的条款是本编第1021条和第1022条。

2. 声音权参照适用肖像权保护的规则。

在所有的人格利益中，与肖像权的肖像利益最相似的就是声音。声音与姓名一样，都能够标表特定自然人主体的人格特征，不仅便于识别，而且具有相当的财产利益。声音权的内容包括：（1）声音录制专有权。和肖像权一样，声音权的首要内容体现在对声音的录制上。（2）声音使用专有权。声音使用专

有权包括两方面的内容。首先是精神利益的使用权，权利人对自己的声音如何使用具有支配权。其次是财产利益的使用权，权利人可以将自己的声音进行商业化的利用，并因此而获得收益。(3) 声音处分专有权。当声音利益表现为一种精神利益的时候，声音权不可以被转让和许可使用。但是当声音利益表现为一种财产利益的时候，自然人也可以同他人签订有偿的声音利益部分转让或者许可使用合同。(4) 声音利益保护请求权。如果声音权受到侵犯，那么权利人可以依据侵犯事实，依法维护自己的利益，享有相应的救济权请求权，其主要包括了声音权请求权和声音权侵权请求权。

第五章　名誉权和荣誉权

第一千零二十四条　名誉权；名誉

民事主体享有名誉权。任何组织或者个人不得以侮辱、诽谤等方式侵害他人的名誉权。

名誉是对民事主体的品德、声望、才能、信用等的社会评价。

▶理解与适用

本条是对名誉权及客体的规定。

名誉权，是指自然人和法人、非法人组织就其自身属性和价值所获得的社会评价，享有的保有和维护的具体人格权。名誉权的基本内容是对名誉利益的保有和维护的权利。

名誉是名誉权的客体，本条第 2 款对名誉概念作了界定。应当区别的是，名誉分为主观名誉和客观名誉，作为名誉权客体的名誉是客观名誉，即独立于权利主体之外的“对民事主体的品德、声望、才能、信用等的社会评价”，既不是权利人对自己的自我评价，也不是权利人本身的自我感觉，而是社会对权利人的客观评价。主观名誉也叫名誉感，是主体对自己品德、声望、才能、信用等的自我评价和感受，名誉权对此不予以保护，只保护主体的客观名誉不为他人的非法行为侵害而降低。

▶条文参见

《检察官法》第66条；《法官法》第65条；《公务员法》第110条；《妇女权益保障法》第42条；《英雄烈士保护法》第22条；《治安管理处罚法》第42条；《红十字会法》第27条；《网络安全法》第12条；《国家赔偿法》第35条；《未成年人保护法》第56条；《澳门特别行政区基本法》第30条；《最高人民法院关于中国人民解放军第四医大附属西京医院、樊代明和杨林海名誉权纠纷一案的函》；《最高人民法院关于刊登侵害他人名誉权小说的出版单位在作者已被判刑后还应否承担民事责任问题的复函》

▶典型案例指引

1. 陈某某诉莫某兰、莫某明、邹某某侵犯健康权、名誉权纠纷案（《最高人民法院公报》2015年第5期）

案件适用要点：公民享有名誉权，公民的人格尊严受法律保护，禁止用侮辱、诽谤等方式损害公民的名誉。国家保障未成年人的人身、财产和其他合法权益不受侵犯。行为人以未成年人违法为由对其作出侮辱行为，该行为对未成年人名誉造成一定影响的，属于名誉侵权行为，应依法承担相应责任。

2. 李某某诉南京艺术学院、江苏振泽律师事务所名誉权侵权纠纷案（《最高人民法院公报》2008年第11期）

案件适用要点：律师事务所或者律师接受委托人的委托发布律师声明，应当对委托人要求发布的声明内容是否真实、合法进行必要的审查、核实。律师事务所或者律师未尽必要的审查义务，即按照委托人的要求发布署名律师声明，如果该律师声明违背事实，侵犯他人名誉权，律师事务所或者律师应对此承担连带侵权责任。

3. 徐某诉上海宝钢冶金建设公司侵犯名誉权纠纷案（《最高人民法院公报》2006年第12期）

案件适用要点： 名誉是指根据公民的观点、行为、作用、表现等所形成的关于公民品德、才干及其他素质的总体社会评价，是对公民社会价值的一般认识。公民享有名誉权，法律禁止用侮辱、诽谤等方式损害公民的名誉。用工单位对劳动者的劳动、工作情况作出的评价也是劳动者总体社会评价的重要组成部分。用工单位对劳动者作出不实、不良的评价，足以影响到劳动者今后的就业求职和工作生活的，构成对劳动者名誉权的侵犯。

第一千零二十五条 新闻报道、舆论监督影响他人名誉不承担民事责任及其例外

行为人为公共利益实施新闻报道、舆论监督等行为，影响他人名誉的，不承担民事责任，但是有下列情形之一的除外：

（一）捏造、歪曲事实；

（二）对他人提供的严重失实内容未尽到合理核实义务；

（三）使用侮辱性言辞等贬损他人名誉。

▶理解与适用

本条是对新闻报道、舆论监督等影响他人名誉免责及除外条款的规定。正当的新闻报道和舆论监督等行为，具有社会正当性，是合法行为，也是履行媒体新闻批评职责的正当行为。媒体在新闻报道和舆论监督等正当的新闻行为中，即使发生了对他人名誉造成影响的后果，也不构成侵害名誉权，不承担民事责任。例如批评食品企业卫生条件不好督促其改进，对其名誉有一定的影响，但是不构成侵害名誉权，而是正当的舆论监督行为。

在新闻报道和舆论监督等新闻行为中，如果存在以下法定

情形，则构成侵害名誉权。

1. 行为人捏造、歪曲事实。这种情形是故意利用新闻报道、舆论监督而侵害他人名誉权的行为。捏造事实是无中生有，歪曲事实是不顾真相而进行歪曲。这些都是故意所为，性质恶劣，构成侵害名誉权。2. 对他人提供的严重失实内容未尽到合理核实义务。这种情形是新闻事实严重失实，是因未尽合理核实义务而使事实背离真相，是过失所为。其实不只是对他人提供的严重失实内容未尽核实义务，即使媒体自己采制的新闻，未尽必要注意而使新闻事实严重失实，同样也构成侵害名誉权的行为。3. 使用侮辱性言辞等贬损他人名誉。在新闻报道、舆论监督中，虽然没有上述两种情形，但是在其中有使用侮辱言辞等过度贬损他人名誉，对其人格有损害的，也构成侵害名誉权的行为。

▶条文参见

《最高人民法院关于审理利用信息网络侵害人身权益民事纠纷案件适用法律若干问题的规定》第 11 条；《最高人民法院关于审理名誉权案件若干问题的解释》；《最高人民法院关于审理名誉权案件若干问题的解答》；《最高人民法院关于刘兰祖诉山西日报社、山西省委支部建设杂志社侵害名誉权一案的复函》；《最高人民法院关于徐良诉上海文化艺术报社等侵害名誉权案件的函》

▶典型案例指引

李某某等诉叶集公安分局、安徽电视台等侵犯名誉权、肖像权纠纷案（《最高人民法院公报》2007 年第 2 期）

案件适用要点：公安机关在向新闻媒体提供侦破案件的相关资料，供新闻媒体用于新闻报道时，应尽谨慎注意义务以保护他人合法权益。未尽此义务导致他人名誉权受到侵犯的，应承担相应的民事责任。公安机关侦查行为的合法性、配合新闻媒体进行法制宣传的正当性以及新闻媒体自身在新闻报道中的过失，均不构成免除公安机关上述民事责任的法定事由。

第一千零二十六条 认定是否尽到合理核实义务的考虑因素

认定行为人是否尽到前条第二项规定的合理核实义务，应当考虑下列因素：

（一）内容来源的可信度；

（二）对明显可能引发争议的内容是否进行了必要的调查；

（三）内容的时限性；

（四）内容与公序良俗的关联性；

（五）受害人名誉受贬损的可能性；

（六）核实能力和核实成本。

▶理解与适用

本条是对新闻媒体承担合理核实义务的规定。

本条解释“合理核实义务”，是本编第1025条第2项规定的传统媒体负有的义务，而非网络媒体的核实义务。确定传统媒体在新闻报道和舆论监督中是否尽到合理核实义务的因素是：

1. 内容来源的可信度。如果是权威消息来源，则不必进行核实。2. 对明显可能引发争议的内容是否进行了必要的调查。如果该调查未调查，为未尽合理核实义务。3. 内容的时限性。即是否须及时报道，不及时报道是否会损害公众知情权。4. 内容与公序良俗的关联性。与公序良俗具有相当关联性的，应当履行合理核实义务。5. 受害人名誉受贬损的可能性。新闻报道或者舆论监督的内容即使发表，受害人名誉的贬损可能性不大的，不认为是未尽核实义务。6. 核实能力和核实成本。一是媒体的核实能力，例如需要专业调查甚至侦查才能核对属实的新闻，媒体显然做不到核查是否属实；二是核实成本过巨，得不偿失，也不必苛求媒体必须核实。

新闻报道、舆论监督，未尽合理核实义务，造成事实失实，侵害了受害人的名誉权的，都应当承担民事责任。

第一千零二十七条 文学、艺术作品侵害名誉权的认定与例外

行为人发表的文学、艺术作品以真人真事或者特定人为描述对象，含有侮辱、诽谤内容，侵害他人名誉权的，受害人有权依法请求该行为人承担民事责任。

行为人发表的文学、艺术作品不以特定人为描述对象，仅其中的情节与该特定人的情况相似的，不承担民事责任。

▶理解与适用

本条是对文学、艺术作品侵害名誉权责任的规定。确定文学、艺术作品侵害名誉权责任，应当依照本条前后两款的规定来确定：

1. 以真人真事或者特定人为描述对象的作品。任何人发表的文学、艺术作品，凡是以真人真事或者特定人为描述对象的，由于其描述对象的确定性，因而只要在作品的内容中含有侮辱、诽谤等内容，对被描述的对象名誉权有损害的，就构成侵害名誉权，受害人享有名誉权请求权，可以请求作者承担侵害名誉权的民事责任。对此，关键之处是确定作品是否描述真人真事或者特定人。如果使用的是真实姓名，容易确定，这就是特定人。如果是没有使用真实姓名，其判断标准是，基本的人格特征、基本生活工作经历是否相一致，如果具有上述一致性，可以认定为描述的就是真人真事。

2. 不以特定人为描述对象的作品。如果行为人发表的文学、艺术作品不是以特定人为描述对象，仅是其中的情节与该特定人的情况相似的，不符合主要人格特征和主要生活工作经历的一致性原则，就不属于描述的是真人真事，不认为是对所谓的受害人的名誉权侵害，不应当承担民事责任。

▶条文参见

《最高人民法院关于审理名誉权案件若干问题的解答》；

《最高人民法院（函）关于都兴久、都兴亚诉高其昌、王大学名誉权纠纷一案的请示报告复函》；《最高人民法院关于邵文卿与黄朝星侵害名誉权案的函》；《最高人民法院关于胡秋生、娄良英等八人诉彭拜、漓江出版社名誉权纠纷案的复函》；《最高人民法院关于朱秀琴、朱良发、沈珍珠诉〈青春〉编辑部名誉权纠纷案的函》；《最高人民法院关于胡骥超、周孔昭、石述成诉刘守忠、遵义晚报社侵害名誉权一案的函》

第一千零二十八条 媒体报道内容失实侵害名誉权

民事主体有证据证明报刊、网络等媒体报道的内容失实，侵害其名誉权的，有权请求该媒体及时采取更正或者删除等必要措施。

▶理解与适用

本条是对媒体报道内容失实负有更正和删除义务的规定。

这一规定与人格权编第1025条第2项规定相衔接。报刊、网络等媒体报道的内容失实，侵害名誉权的，负有的义务是更正和删除。不过，本条只规定限期更正或者删除还不全面，起码应当包括道歉。对于造成损害的，应当承担赔偿责任。

▶条文参见

《英雄烈士保护法》第23条；《最高人民法院关于审理名誉权案件若干问题的解释》；《最高人民法院关于审理名誉权案件若干问题的解答》；《最高人民法院关于广西高院请示黄仕冠、黄德信与广西法制报社、范宝忠名誉侵权一案请示的复函》

▶典型案例指引

王某1诉北京凌云互动信息技术有限公司名誉权、隐私权纠纷案［北京市朝阳区人民法院（2008）朝民初字第29276号民事判决书］

案件适用要点：根据我国《互联网信息服务管理办法》及《互联网电子公告服务管理规定》的相关规定，互联网信息服务提供者应当向上网用户提供良好的服务，并保证所提供的信息内容合法。任何人不得在电子公告服务系统中发布含有侮辱或者诽谤他人、侵害他人合法权益的信息。公民的姓名、家庭住址、婚外情等信息，均属于其个人隐私的范畴。网站擅自将这些信息予以公布，从而使当事人的生活受到严重影响的，侵犯了当事人的隐私权和名誉权，网站应承担停止侵权、赔偿损失等民事责任。

第一千零二十九条 信用权

民事主体可以依法查询自己的信用评价；发现信用评价不当的，有权提出异议并请求采取更正、删除等必要措施。信用评价人应当及时核查，经核查属实的，应当及时采取必要措施。

▶理解与适用

本条是对信用权的变通规定。信用是民事主体包括自然人、法人、非法人组织对其所具有的经济能力，在社会上获得的信赖与评价。信用权，是指自然人、法人、非法人组织就其所具有的经济能力在社会上获得的相应信赖与评价，所享有的保有和维护的具体人格权。

对于信用权，原《民法通则》就没有规定，而是采取适用名誉权的规定进行间接保护，即用保护名誉权的方法保护信用权。事实上，信用权是一个独立的具体人格权，与名誉权不仅基本内容不完全相同，保护的程度和方法也有所不同。人格权编虽然没有直接规定信用权，但是通过本条的变通规定，实际上规定了信用权。

本条规定的是信用权人对征信系统享有的权利：1. 民事主体可以依法查询自己的信用评价，征信机构不得拒绝；2.

发现信用评价不当的，有权提出异议，并要求采取更正、删除等必要措施，以保持信用权人信用评价资料和评价结论的正确性。

▶条文参见

《征信业管理条例》第17条、第25条

▶典型案例指引

王某某诉张某某、江苏省南京工程高等职业学校、招商银行股份有限公司南京分行、招商银行股份有限公司信用卡中心侵权纠纷案（《最高人民法院公报》2008年第10期）

案件适用要点：当事人因他人盗用、冒用自己姓名申办信用卡并透支消费的侵犯姓名权行为，导致其在银行征信系统存有不良信用纪录，对当事人从事商业活动及其他社会、经济活动具有重大不良影响，给当事人实际造成精神痛苦，妨碍其内心安宁，降低其社会评价，当事人就此提出精神损害赔偿诉讼请求的，人民法院应予支持。

第一千零三十条 信用权准用个人信息保护的规定

民事主体与征信机构等信用信息处理者之间的关系，适用本编有关个人信息保护的规定和其他法律、行政法规的有关规定。

▶理解与适用

本条是对民事主体与征信机构关系适用法律的规定。关于信用权和信用权人与征信机构之间的关系，人格权编除了第1029条规定之外，没有作进一步规定。由于信用权人和征信机构之间的权利义务关系与个人信息权人和个人信息处理者的权利义务关系基本相同，因此规定准用条款，准用人格权编有关个人信息的规定，以及其他法律、行政法规的有关规定。其他法律如《网络信息安全法》《全国人民代表大会常务委员会关于加强网络信息保护的决定》等，最重要的是正在制定的《个人信息保护法》，以及国务院关于保护个人信息的行政法规的规定。

征信机构征集信用信息准用的法律规定：在人格权编中，如第1035条规定的征集原则和条件，第1036条规定的处理个人信息的免责条款，第1037条自然人对信息处理者的权利，第1038条规定的信息处理者的义务等，在个人信用信息的征集、使用中都可以适用。

▶条文参见

《征信业管理条例》

第一千零三十一条 荣誉权

民事主体享有荣誉权。任何组织或者个人不得非法剥夺他人的荣誉称号，不得诋毁、贬损他人的荣誉。

获得的荣誉称号应当记载而没有记载的，民事主体可以请求记载；获得的荣誉称号记载错误的，民事主体可以请求更正。

▶理解与适用

本条是对荣誉权的规定。荣誉，是指特定民事主体在社会生产、社会活动中有突出表现或者突出贡献，政府、单位、团体等组织所给予的积极、肯定性的正式评价。在荣誉利益中，不仅包括精神利益，而且包括财产利益，例如给予特定民事主体以荣誉，不仅包括精神嘉奖，还包括物质奖励。荣誉权，是指民事主体对其获得的荣誉及其利益所享有的保持、支配、维护的具体人格权。对于荣誉利益的精神利益，权利人的权利内容主要是保持和维护的权利；对于荣誉利益的财产利益，权利人对该财产利益与其他物的权利一样，享有支配权。

荣誉权权利人之外的所有自然人、法人和非法人组织，都负有不得非法剥夺他人的荣誉称号，不得诋毁、贬损他人的荣誉的法定义务。违反这种不可侵的法定义务，构成侵害荣誉权的行为，应当承担民事责任。

本条第2款规定的是荣誉权人的权利，即获得的荣誉称号应当记载而没有记载或者记载错误的，民事主体可以要求记载或者更正。这是荣誉权人对所获得的荣誉享有的保持和维护权利的体现。

▶条文参见

《妇女权益保障法》第42条；《英雄烈士保护法》第22条；《未成年人保护法》第46条；《预备役军官法》第3条、第4条、第10条、第61条；《教师法》第33条；《最高人民法院〈关于张自修诉横峰县老干部管理局损害赔偿纠纷案的请示〉的函》

第六章　隐私权和个人信息保护

第一千零三十二条　隐私权及隐私

自然人享有隐私权。任何组织或者个人不得以刺探、侵扰、泄露、公开等方式侵害他人的隐私权。

隐私是自然人的私人生活安宁和不愿为他人知晓的私密空间、私密活动、私密信息。

▶理解与适用

本条是对隐私权和隐私概念的规定。

隐私权是自然人享有的人格权，是指自然人对享有的私人生活安宁和不愿为他人知晓的私密空间、私密活动和私密信息等私生活安全利益自主进行支配和控制，不得他人侵扰的具体人格权。其内容是：1. 对自己的隐私进行隐瞒，不为他人所知的权利；2. 对自己的隐私享有积极利用，以满足自己的精神、物质等方面需要的权利；3. 对自己的隐私享有支配权，只要不违背公序良俗即可。

隐私，一为私，二为隐，前者指纯粹是个人的，与公共利益、群体利益无关，后者指权利人不愿意将其公开为他人知晓。因此，隐私是指与公共利益、群体利益无关的私人生活安宁和当事人不愿他人知晓或他人不便知晓的私密信息，当事人不愿他人干涉或者他人不便干涉的私密活动，以及当事人不愿他人侵入或者他人不便侵入的私密空间。

▶条文参见

《妇女权益保障法》第42条；《精神卫生法》第4条、第23条；《未成年人保护法》第30条、第39条；《检察官法》第47条；《法官法》第46条；《刑事诉讼法》第54条、第152条、第188条；《广告法》第9条、第43条、第44条；《公共图书馆法》第43条；《电子商务法》第25条；《反恐怖主义法》第48条；《监察法》第18条；《律师法》第38条；《行政处罚法》第42条；《公证法》第13条、第23条；《民事诉讼法》第68条、第134条；《网络安全法》第12条、第45条；《电影产业促进法》第16条；《慈善法》第62条；《资产评估法》第5条、第13条；《邮政法》第3条；《反间谍法》第17条；《传染病防治法》第12条；《治安管理处罚法》第80条；《人民调解法》第15条；《执业医师法》第22条、第37条；《农村土地承包经营纠纷调解仲裁法》第30条、第40条；《反洗钱法》第30条；《银行业监督管理法》第43条；《护士条例》第18条、第31条；《人类遗传资源管理条例》第9条；《政府信息公开条例》第15条；《国务院关于在线政务服务的若干规定》第14条；《重大行政决策程序暂行条例》第19条；《机动车交通事故责任强制保险条例》第34条；《残疾预防和残疾人康复条例》第21条；《医疗纠纷预防和处理条例》第42条；《志愿服务条例》第21条；

《残疾人教育条例》第20条；《税收征收管理法实施细则》第5条；《征信业管理条例》第3条；《保安服务管理条例》第25条、第30条、第43条、第45条；《流动人口计划生育工作条例》第18条；《地方志工作条例》第11条；《海关行政处罚实施条例》第34条；《乡村医生从业管理条例》第24条；《外国律师事务所驻华代表机构管理条例》第17条、第27条；《最高人民法院关于公布失信被执行人名单信息的若干规定》第6条；《最高人民法院关于民事执行中财产调查若干问题的规定》第25条；《最高人民法院关于人民法院在互联网公布裁判文书的规定》第10条；《最高人民法院关于人民法院赔偿委员会适用质证程序审理国家赔偿案件的规定》第3条；《最高人民法院关于适用〈中华人民共和国刑事诉讼法〉的解释》第68条、第186条；《最高人民法院关于审理因垄断行为引发的民事纠纷案件应用法律若干问题的规定》第11条；《最高人民法院关于审理政府信息公开行政案件若干问题的规定》第6条、第8条；《最高人民法院关于诉讼代理人查阅民事案件材料的规定》第8条

▶典型案例指引

庞某某诉中国东方航空股份有限公司、北京趣拿信息技术有限公司隐私权纠纷案［北京市第一中级人民法院（2017）京01民终509号民事判决书］

案件适用要点：随着科技的飞速发展和信息的快速传播，现实生活中出现大量关于个人信息保护的问题，个人信息的不当扩散与不当利用已经逐渐发展成为危害公民民事权利的一个社会性问题。本案是由网络购票引发的涉及航空公司、网络购票平台侵犯公民隐私权的纠纷，各方当事人立场鲜明，涉及的焦点问题具有代表性和典型性。公民的姓名、电话号码及行程安排等事项属于个人信息。在大数据时代，信息的收集和匹配成本越来越低，原来单个的、孤立的、可以公示

的个人信息一旦被收集、提取和综合，就完全可以与特定的个人相匹配，从而形成某一特定个人详细准确的整体信息。此时，这些全方位、系统性的整体信息，就不再是单个的可以任意公示的个人信息，这些整体信息一旦被泄露扩散，任何人都将没有自己的私人空间，个人的隐私将遭受威胁。因此，基于合理事由掌握上述整体信息的组织或个人应积极地、谨慎地采取有效措施防止信息泄露。任何人未经权利人的允许，都不得扩散和不当利用能够指向特定个人的整体信息，而整体信息也因包含了隐私而整体上成为隐私信息，可以通过隐私权纠纷而寻求救济。

本案中，庞某某被泄露的信息包括姓名、尾号＊＊49手机号、行程安排等，其行程安排无疑属于私人活动信息，应该属于隐私信息，可以通过本案的隐私权纠纷主张救济。从收集证据的资金、技术等成本上看，作为普通人的庞某某根本不具备对东航、趣拿公司内部数据信息管理是否存在漏洞等情况进行举证证明的能力。因此，客观上，法律不能也不应要求庞某某证明必定是东航或趣拿公司泄露了其隐私信息。东航和趣拿公司均未证明涉案信息泄漏归因于他人，或黑客攻击，抑或是庞某某本人。法院在排除其他泄露隐私信息可能性的前提下，结合本案证据认定上述两公司存在过错。东航和趣拿公司作为各自行业的知名企业，一方面因其经营性质掌握了大量的个人信息，另一方面亦有相应的能力保护好消费者的个人信息免受泄露，这既是其社会责任，也是其应尽的法律义务。本案泄露事件的发生，是由于航空公司、网络购票平台疏于防范导致的结果，因而可以认定其具有过错，应承担侵权责任。综上所述，本案的审理对个人信息保护以及隐私权侵权的认定进行了充分论证，兼顾了隐私权保护及信息传播的衡平。

第一千零三十三条 侵害隐私权的方式

除法律另有规定或者权利人明确同意外，任何组织或者个人不得实施下列行为：

（一）以电话、短信、即时通讯工具、电子邮件、传单等方式侵扰他人的私人生活安宁；

（二）进入、拍摄、窥视他人的住宅、宾馆房间等私密空间；

（三）拍摄、窥视、窃听、公开他人的私密活动；

（四）拍摄、窥视他人身体的私密部位；

（五）处理他人的私密信息；

（六）以其他方式侵害他人的隐私权。

▶理解与适用

本条是对侵害隐私权行为的列举性规定。

任何组织或者个人作为隐私权的义务主体，都不得实施下列有关个人的私密空间、私密活动、私密部位、私密信息和生活安宁等侵害隐私权的行为：

1. 以电话、短信、即时通讯工具、电子邮件、传单等方式侵扰他人的生活安宁。生活安宁，是自然人享有的维持安稳宁静的私人生活状态，并排除他人不法侵扰，保持无形的精神需要的满足。电话、短信、即时通讯工具、电子邮件、传单等方式侵扰个人的生活安宁，通常称为骚扰电话、骚扰短信、骚扰电邮等，侵害个人的生活安宁，构成侵害隐私权。

2. 进入、拍摄、窥视他人的住宅、宾馆房间等私密空间。隐私权保护的私密空间，包括具体的私密空间和抽象的私密空间。前者如个人住宅、宾馆房间、旅客行李、学生书包、个人通信等，后者专指日记，即思想的私密空间。

3. 拍摄、窥视、窃听、公开他人的私密活动。私密活动是一切个人的，与公共利益无关的活动，如日常生活、社会交往、夫妻生活、婚外恋等。对此进行拍摄、录制、公开、窥视、窃听，都构成侵害私人活动。

4. 拍摄、窥视他人身体的私密部位。身体的私密部位也属于隐私，是身体隐私，例如生殖器和性感部位。拍摄或者窥视他人身体私密部位，构成侵害隐私权。

5. 处理他人的私密信息。私密信息是关于自然人个人的隐私信息，获取、删除、公开、买卖他人的私密信息，构成侵害隐私权。

6. 以其他方式侵害他人的隐私权。这是兜底条款，凡是侵害私密信息、私密活动、私密空间、身体私密、生活安宁等的行为，都构成侵害隐私权。

本条列举的6种侵害隐私权的行为，排除了两种行为不构成侵害隐私权：一是，法律另有规定，即法律作出相反的规定的；二是，获得权利人同意的，无论何种隐私，都因隐私权人同意而构成对侵害隐私权的有效抗辩，不成立侵害隐私权的行为。

▶条文参见

《宪法》第39条；《刑事诉讼法》第136条；《监察法》第24条；《刑法》第245条；《反间谍法》第32条；《治安管理处罚法》第42条、第48条《人民警察法》第12条、第22条；《人民武装警察法》第19条；《外交特权与豁免条例》第4条；《保安服务管理条例》第25条；《最高人民法院关于适用〈中华人民共和国民事诉讼法〉的解释》第496条；《未成年人保护法》第39条、第58条

第一千零三十四条　个人信息保护

自然人的个人信息受法律保护。

个人信息是以电子或者其他方式记录的能够单独或者与其他信息结合识别特定自然人的各种信息，包括自然人的姓名、出生日期、身份证件号码、生物识别信息、住址、电话号码、电子邮箱、健康信息、行踪信息等。

个人信息中的私密信息，适用有关隐私权的规定；没有规定的，适用有关个人信息保护的规定。

▶理解与适用

本条是对个人信息保护的规定。

［个人信息的内涵］

个人信息是以电子或者其他方式记录的，能够单独或者与其他信息结合而识别特定自然人的各种信息。其中：1. 电子信息的记录方式是电子方式或者其他记录方式；2. 能够单独或者与其他信息结合发挥作用；3. 个人信息的表现形式是信息，即音讯、消息、通讯系统传输和处理的对象，泛指人类社会传播的一切内容；4. 个人信息的基本作用是识别特定自然人的人格特征，因而个人信息的基本属性是个人身份信息，而不是个人私密信息。从学术的角度上界定个人信息，即个人信息是对客观世界中特定自然人的身份状况和变化的反映，是特定自然人在与他人和客观事物之间活动的联系的表征，表现的是特定自然人的身份属性和人格特征的实质内容。

［个人信息的外延］

自然人的姓名、出生日期、身份证件号码、生物识别信息、住址、电话号码、电子邮箱、行踪信息等。这些都是个人信息的组成部分。

▶条文参见

《社会保险法》第92条；《旅游法》第52条；《国际刑事司法协助法》第17条；《电子商务法》第32条；《网络安全法》第44条；《消费者权益保护法》第14条；《人力资源市场暂行条例》第29条；《彩票管理条例》第27条、第40条；《最高人民法院关于人民法院在互联网公布裁判文书的规定》第10条；《最高人民法院关于审理旅游纠纷案件适用法律若干问题的规定》第9条；《最高人民法院关于审理利用信息网络侵害人身权益民事纠纷案件适用法律若干问题的规定》第12条；《最高人民法院、最高人民检察院关于办理侵犯公民个人信息刑事案件适用法律若干问题的解释》第1条

第一千零三十五条 个人信息处理的限制

处理个人信息的，应当遵循合法、正当、必要原则，不得过度处理，并符合下列条件：

（一）征得该自然人或者其监护人同意，但是法律、行政法规另有规定的除外；

（二）公开处理信息的规则；

（三）明示处理信息的目的、方式和范围；

（四）不违反法律、行政法规的规定和双方的约定。

个人信息的处理包括个人信息的收集、存储、使用、加工、传输、提供、公开等。

▶理解与适用

本条是对处理个人信息的规定。处理个人信息，包括对个人身份信息的收集、存储、使用、加工、传输、提供、公开。

［处理自然人个人信息的原则］

1. 合法：必须依照法律规定处理，不得非法进行；2. 正当：处理自然人个人信息应当具有正当性目的，不得非法处理；3. 必要：即使合法、正当处理自然人的个人信息，也不得超出必要范围。

［处理自然人个人信息应当符合的条件］

1. 征得该自然人或者其监护人同意，但是法律、行政法规另有规定的除外。其中征得自然人监护人的同意，是指处理无民事行为能力人或者限制民事行为能力人的个人信息，须征得其监护人的同意，例如未成年人或者丧失或者部分丧失民事行为能力的成年人，未经其监护人同意的处理，构成侵害个人信息行为。2. 公开处理信息的规则。处理自然人个人信息，须将处理的规则予以公开，以判明是否符合处理的规则。3. 明示处理信息的目的、方式和范围，并且符合明示的处理信息的目的、方式，在其明示的范围进行处理。4. 不违反法律、行政法规的规定和双方的约定，违反法律、行政法规的规定和双方的约定的处理，都构成侵害个人信息。

▶条文参见

《电子商务法》第 23 条；《核安全法》第 69 条；《测绘法》第 47 条；《网络安全法》第 22 条、第 37 条、第 40 条、第 42 条；《消费者权益保护法》第 29 条；《地图管理条例》第 35 条；《征信业管理条例》第 13 条、第 19 条、第 20 条

第一千零三十六条 处理个人信息的免责事由

处理个人信息，有下列情形之一的，行为人不承担民事责任：

（一）在该自然人或者其监护人同意的范围内合理实施的行为；

（二）合理处理该自然人自行公开的或者其他已经合法公开的信息，但是该自然人明确拒绝或者处理该信息侵害其重大利益的除外；

（三）为维护公共利益或者该自然人合法权益，合理实施的其他行为。

▶理解与适用

本条是对合理处理个人信息的规定。

对自然人个人信息的合理处理，尽管在有些时候未经过个人信息权人的同意，但是也不构成侵害个人信息权，不承担侵害个人信息权的民事责任。被处理个人信息的自然人不得主张侵害其个人信息权。这些具有免责事由的行为是：

1. 在该自然人或者其监护人同意的范围内合理实施的行为。处理自然人个人信息，如果经过权利人的同意，并且在其同意的范围内合理实施的行为，不构成侵害个人信息。这与

《民法典》第1035条第3项的规定即“明示处理信息的目的、方式和范围”相关。对此进行判断，符合明示的上述使用范围的，不构成侵害个人信息，超出范围的处理个人信息的行为，构成侵害个人信息。

2. 合理处理该自然人自行公开的或者其他已经合法公开的信息，但是该自然人明确拒绝或者处理该信息侵害其重大利益的除外。这一事由包括两个方面：首先，自然人自行公开或者其他已经合法公开的信息，是可以合理处理的，一般情况下不构成侵害个人信息；其次，尽管如此，如果处理的这种信息损害自然人个人的重大利益，或者自然人已经明确拒绝他人使用的，处理这样的信息，仍然构成侵害个人信息。

3. 为维护公共利益或者该自然人合法权益，合理实施的其他行为。处理自然人的个人信息，如果具有维护公共利益的目的，或者是为了维护该自然人自身的合法权益，则具有正当性，为合理实施，不构成侵害个人信息。

合理实施处理自然人个人信息的行为，不构成侵害个人信息的行为，不承担民事责任。

▶条文参见

《最高人民法院关于审理利用信息网络侵害人身权益民事纠纷案件适用法律若干问题的规定》第12条

第一千零三十七条 个人信息决定权

自然人可以依法向信息处理者查阅或者复制其个人信息；发现信息有错误的，有权提出异议并请求及时采取更正等必要措施。

自然人发现信息处理者违反法律、行政法规的规定或者双方的约定处理其个人信息的，有权请求信息处理者及时删除。

▶理解与适用

本条是个人信息权人享有权利的规定。

[个人信息权的内容]

1. 个人信息权人享有查阅复制的权利。自然人可以向信息处理者依法查阅或者复制其个人信息。这是因为，自己是个人信息的权利人，其信息就是自己的身份信息，即使被处理者处理，该信息的归属权不变，仍然为权利人所拥有。2. 发现信息错误的，有提出异议并要求更正的权利。权利人在查阅和复制自己的个人信息时，发现个人信息有错误的，有权提出异议，并要求及时采取更正等必要措施。信息处理者负有更正的义务。3. 自然人发现信息处理者违反法律、行政法规的规定或者双方的约定处理其个人信息的，有权要求信息处理者及时删除其个人信息。这里还应当包括对被处理的、已经过时的、对自己可能造成不好影响的个人信息的删除权，以保护自己的合法权益。

▶条文参见

《个人所得税法实施条例》第 30 条；《征信业管理条例》第 17 条

第一千零三十八条 个人信息安全

信息处理者不得泄露或者篡改其收集、存储的个人信息；未经自然人同意，不得向他人非法提供其个人信息，但是经过加工无法识别特定个人且不能复原的除外。

信息处理者应当采取技术措施和其他必要措施，确保其收集、存储的个人信息安全，防止信息泄露、篡改、丢失；发生或者可能发生个人信息泄露、篡改、丢失的，应当及时采取补救措施，按照规定告知自然人并向有关主管部门报告。

▶**理解与适用**

本条是对信息处理者对个人信息负有保密义务的规定。

个人信息的处理者，是指合法收集并控制自然人个人信息的主体。个人信息处理者对自然人的个人信息负有的保密义务，包括两个方面：

1. 信息处理者负有的守约义务。(1) 保持个人信息的自己占有及信息的真实性的义务，不得泄露、篡改、丢失其收集、存储的个人信息；(2) 不得向他人提供的义务，未经被收集者同意，不得向他人非法提供个人信息。例外的是，经过加工无法识别特定个人且不能复原的信息，属于衍生信息，俗称“已经过脱敏处理”的信息，不再具有个人身份信息的属性，已经进入可以公开使用的领域。对于衍生信息的使用不构成侵害个人信息。

2. 信息处理者负有的保密义务。(1) 信息处理者对已经收集、存储的个人信息，应当采取技术措施和其他必要措施，确保其收集、存储的个人信息安全，防止信息泄露、篡改、丢失。(2) 如果发生或者可能发生个人信息泄露、篡改、丢失的情况的，应当及时采取补救措施，依照规定告知被收集者并向有关主管部门报告，防止损失的扩大，并挽回已经造成的损失。

▶**条文参见**

《网络安全法》第 43 条；《消费者权益保护法》第 29 条；《地图管理条例》第 35 条；《最高人民法院关于审理利用信息网络侵害人身权益民事纠纷案件适用法律若干问题的规定》第 12 条

▶**典型案例指引**

丁某某侵犯公民个人信息案（最高人民法院、最高人民检察院发布 7 起侵犯公民个人信息犯罪典型案例之七）

案件适用要点：非法提供近二千万条住宿记录供他人查询牟利，构成侵犯公民个人信息罪"情节特别严重"。

第一千零三十九条 国家机关及其工作人员对个人信息的保密义务

国家机关、承担行政职能的法定机构及其工作人员对于履行职责过程中知悉的自然人的隐私和个人信息，应当予以保密，不得泄露或者向他人非法提供。

▶理解与适用

本条是对国家机关及其工作人员对自然人隐私和个人信息保密义务的规定。

国家机关及其工作人员有多种渠道收集和知悉自然人隐私和个人信息。例如出生登记、查处违章、办理护照、身份证明等，都必须提供个人信息，甚至涉及个人隐私。可以说，国家机关及其工作人员是掌握个人隐私和个人信息最主要的机构和人员。对此，国家机关及其工作人员必须对个人负有保密义务，不得泄露或者非法向他人提供。

▶条文参见

《社会保险法》第92条；《刑事诉讼法》第64条；《旅游法》第86条；《公共图书馆法》第43条、第50条；《电子商务法》第25条、第79条、第87条；《国家情报法》第19条、第31条；《反恐怖主义法》第76条；《刑法》第253条之一；《核安全法》第74条、第75条；《网络安全法》第44条、第45条、第64条；《出境入境管理法》第85条；《居民身份证法》第6条、第13条、第19条、第20条；《统计法》第9条、第39条；《护照法》第12条、第20条；《国务院关于在线政务服务的若干规定》第14条；《缺陷汽车产品召回管理条例》第7条、第25条；《社会救助暂行办法》第61条、第66条；《戒毒条例》第7条、第10条、第43条；《全国经济普查条例》第32条；《残疾人教育条例》第20条；《居住证暂行条例》第17条、第20条；《最高人民法院关于审理利用信息网络侵害人身权益民事纠纷案件适用法律若干问题的规定》第12条

中华人民共和国民法典总则编（节录）

（2020年5月28日中华人民共和国第十三届全国人民代表大会第三次会议通过　2020年5月28日中华人民共和国主席令第45号公布　自2021年1月1日起施行）

……

第三条　【民事权利及其他合法权益受法律保护】民事主体的人身权利、财产权利以及其他合法权益受法律保护，任何组织或者个人不得侵犯。

▶理解与适用

民事权利及其他合法权益受法律保护是民法的基本精神，也是民事立法的出发点和落脚点。民事权利及其他合法权益受法律保护是民法的基本精神，统领整部民法典和各民商事特别法。

人身权利包括生命权、健康权、姓名权、名誉权、荣誉权、肖像权、隐私权、婚姻自主权、监护权等，财产权利包括所有权、用益物权、担保物权、股权等。民法除保护人身权利和财产权利外，兼具有人身和财产性质的知识产权、继承权等也受法律保护。除列明的民事权利外，民法总则还规定保护其他合法权益，原因在于，有些民事权益法律并未明确规定，但确有必要予以保护的，法律也应当予以保护。民事权利及其他合法权益受法律保护，就要求任何组织或者个人不得侵犯。不得侵犯就是任何组织或者个人不得非法侵占、限制、剥夺他人的民事权利及其他合法权益，也不得干涉他人正常行使民事权利及其他合法权益。当然，这并非意味着民事主体的民事权利可以毫无限制，是绝对自由的。相反，民事主体行使民事权利是要受到法律、公

序良俗的约束，民事主体不得滥用民事权利，且国家基于公共利益的需要，在法律权限范围内经法定程序，在给予公平合理补偿的前提下，可以对民事主体的财产予以征收或者征用。

第十五条　【出生和死亡时间的认定】自然人的出生时间和死亡时间，以出生证明、死亡证明记载的时间为准；没有出生证明、死亡证明的，以户籍登记或者其他有效身份登记记载的时间为准。有其他证据足以推翻以上记载时间的，以该证据证明的时间为准。

▶理解与适用

本条将出生证明、死亡证明记载的时间作为判断自然人出生时间、死亡时间的最基本依据。出生证明，即出生医学证明，记载有新生儿的姓名、性别、出生时间、父母亲姓名等。

死亡证明是指有关单位出具的证明自然人死亡的文书。主要包括以下几类：公民死于医疗单位的，由医疗单位出具死亡医学证明书；公民正常死亡但无法取得医院出具的死亡证明的，由社区、村（居）委会或者基层卫生医疗机构出具证明；公民非正常死亡或者卫生部门不能确定是否属于正常死亡的，由公安司法部门出具死亡证明；死亡公民已经火化的，殡葬部门出具火化证明。死亡证明是记载死亡时间的原始凭证，具有证明死亡时间的准确性和规范性，因此本条将死亡证明记载的时间作为判断自然人死亡时间的最基本的依据。

依据本条规定，没有出生证明、死亡证明的，以户籍登记或者其他有效身份登记记载的时间为准。户籍登记是国家公安机关按照国家户籍管理法律法规，对公民的身份信息进行登记记载的制度。

户籍登记以外的其他有效身份登记，包括我国公民居住证、港澳同胞回乡证、台湾居民的有效旅行证件、外国人居留证等。

第十六条　【胎儿的部分民事权利能力】涉及遗产继承、接受赠与等胎儿利益保护的，胎儿视为具有民事权利能力。但是，胎儿娩出时为死体的，其民事权利能力自始不存在。

▶理解与适用

自然人的民事权利能力始于出生，胎儿尚未与母体分离，不是独立的自然人，不能依据民事权利能力的一般规定进行保护。

本条从法律上明确胎儿在特定情形下视为具有民事权利能力。胎儿自母亲怀孕之时起就应当被视为具有民事权利能力，无须待到其出生之时，即可行使继承权等建议。但如“胎儿娩出时为死体”的，则溯及于怀胎期间消灭其民事权利能力。胎儿享有的部分民事权利能力，除本条明确规定的遗产继承、接受赠与，还可能包括人身损害赔偿请求权、抚养损害赔偿请求权以及其他基于身份的请求权。

第一百零九条　【一般人格权】自然人的人身自由、人格尊严受法律保护。

▶理解与适用

人格权是指民事主体专属享有，以人格利益为客体，为维护民事主体独立人格所必备的固有民事权利。

第一百一十条　【具体人格权】自然人享有生命权、身体权、健康权、姓名权、肖像权、名誉权、荣誉权、隐私权、婚姻自主权等权利。

法人、非法人组织享有名称权、名誉权和荣誉权。

第一百五十三条　【违反强制性规定；违背公序良俗】违反法律、行政法规的强制性规定的民事法律行为无效。但是，该强制性规定不导致该民事法律行为无效的除外。

违背公序良俗的民事法律行为无效。

▶理解与适用

民事法律行为虽然是彰显意思自治、保障权利实现的主要制度，但这种自由必须限定在不损害国家利益、社会公共利益的范围之内。民事主体的民事法律行为一旦超越法律和道德所容许的限度，构成对国家利益、社会公共利益的侵害，其效力就必须被否定。而法律、行政法规的强制性规定以及公共秩序和善良习俗，即是对民事主体意思自治施加的限制。

本法第143条规定了民事法律行为的有效要件，属于对民事法律行为有效的一般性要求，而本条则属于可以直接判定行为效力的裁判性规范。

本条第1款规定，违反法律、行政法规的强制性规定的民事法律行为无效，但是该强制性规定不导致该民事法律行为无效的除外。法律规范分为强制性规范与任意性规范。任意性规范的目的是引导、规范民事主体的行为，并不具备强制性效力，民事法律行为与任意性规范不一致的，并不影响其效力。任意性规范体现的是法律对主体实施民事法律行为的一种指引，当事人可以选择适用，也可以选择不适用。与任意性规范相对的是强制性规范，后者体现的是法律基于对国家利益、社会公共利益等的考量，对私人意思自治领域所施加的一种限制。民事主体在实施民事法律行为时，必须服从这种对行为自由的限制，否则会因对国家利益、社会公共利益等的侵害而被判定无效。但是，民事法律行为违反强制性规定无效有一种例外，即当该强制性规定本身并不导致民事法律行为无效时，民事法律行为并不无效。这里实际上涉及对具体强制性规定的性质判断问题。某些强制性规定尽管要求民事主体不得违反，但其并不导致民事法律行为无效。违反该法律规定的后果应由违法一方承担，对没有违法的当事人不应承受一方违法的后果。比如，一家经营水果的商店出售种子，农户购买了该种子，该商店违法经营种子，必须承担相应违法责任，但出于保护农户的目的，不宜认定该买卖行为无效。

本条第2款规定，违背公序良俗的民事法律行为无效。公序良俗是公共秩序和善良习俗的简称，属于不确定概念。民法学说一般采取类型化研究的方式，将裁判实务中依据公序良俗裁判的典型案件，区别为若干公序良俗违反的行为类型。法院或者仲裁机构在审理案件时，如果发现待决案件事实与其中某一个类型相符，即可判定行为无效。这些类型包括但不限于：（1）危害国家政治、经济、财政、税收、金融、治安等秩序类型；（2）危害家庭关系行为类型；（3）违反性道德行为类型；（4）违反人权和人格尊重行为类型；（5）限制经济自由行为类型；（6）违反公正竞争行为类型；（7）违反消费者保护行为类型；（8）违反劳动者保护行为类型等。同强制性规定一样，公序良俗也体现了国家对民事领域意思自治的一种限制。因此，对公序良俗的违背也构成民事法律行为无效的理由。

第一百五十四条　【恶意串通】行为人与相对人恶意串通，损害他人合法权益的民事法律行为无效。

▶理解与适用

所谓恶意串通，是指行为人与相对人互相勾结，为牟取私利而实施的损害他人合法权益的民事法律行为。恶意串通的民事法律行为在主观上要求双方有互相串通、为满足私利而损害他人合法权益的目的，客观上表现为实施了一定形式的行为来达到这一目的。

需注意的是，在虚伪表示的民事法律行为中，行为人与相对人所表示出的意思均非真意，而恶意串通的双方当事人所表达的都是内心真意，二者尽管在法律后果上相同，但不可混淆。尽管在某些情况下，双方通谋的虚伪表示也表现为主观上的恶意，且同时损害了他人的合法权益，但二者的侧重点不同，不能相互替代。

第一百八十一条　【正当防卫】因正当防卫造成损害的，不承担民事责任。

正当防卫超过必要的限度，造成不应有的损害的，正当防卫人应当承担适当的民事责任。

▶理解与适用

正当防卫，是指本人、他人的人身权利、财产权利遭受不法侵害时，行为人所采取的一种防卫措施。正当防卫作为行为人不承担责任和减轻责任的情形，其根据是行为的正当性、合法性，表明行为人主观上没有过错。正当防卫是法律赋予当事人自卫的权利，是属于受法律鼓励的行为，目的是保护当事人本人、他人不受侵犯。

正当防卫应当同时具备以下六个要件：1. 必须是为了使本人、他人的人身、财产权利免受不法侵害而实施的。《刑法》第 20 条规定，为了使国家、公共利益、本人或者他人的人身、财产和其他权利免受正在进行的不法侵害，而采取的制止不法侵害的行为，对不法侵害人造成损害的，属于正当防卫，不负刑事责任。本条虽然没有对正当防卫的内容作出规定，但应与我国刑法的规定一致。2. 必须有不法侵害行为发生。所谓不法侵害行为，是指对某种权利或者利益的侵害为法律所明文禁止，既包括犯罪行为，也包括其他违法的侵害行为。3. 必须是正在进行的不法侵害。正当防卫的目的是为了制止不法侵害，避免危害结果的发生，因此，不法侵害必须是正在进行的，而不是尚未开始，或者已经实施完毕，或者实施者确已自动停止。否则，就是防卫不适时，应当承担民事责任。4. 必须是本人、他人的人身权利、财产权利遭受不法侵害，在来不及请求有关国家机关救助的情况下实施的防卫行为。5. 必须是针对不法侵害者本人实行。即正当防卫行为不能对没有实施不法侵害行为的第三者（包括不法侵害者的家属）造成损害。6. 不能明显超过必要限度造成损害。正当防卫是有益于社会的合法行为，但应受一定限度的制约，即正当防卫应以足以制止不法侵害为限。只有同时满足以上六个要件，才能构成正当防卫，防卫人才能免予民事责任。

本条规定，正当防卫超过必要的限度，造成不应有的损害的，正当防卫人应当承担适当的民事责任。如何确定和理解正当防卫的必要限度，学术界有各种各样的学说。多数意见认为，从权衡各方利益的角度考虑，既要有利于维护防卫人的权益，也要考虑到对不法行为人的合法权益的保护，防卫行为应以足以制止不法侵害为必要限度。从防卫的时间上讲，对于侵害人已经被制服或者侵害人已经自动停止侵害行为的，防卫人不得再进行攻击行为；从防卫手段来讲，能够用较缓和的手段进行有效防卫的情况下，不允许用激烈手段进行防卫。对于没有明显危及人身、财产等重大利益的不法侵害行为，不允许采取造成重伤等手段对侵害人进行防卫。正当防卫超过必要限度，造成侵害人不应有的损害的，正当防卫人应当承担适当的民事责任。所谓适当的民事责任，是指不对侵害人的全部损失赔偿，而是根据正当防卫人过错的程度，由正当防卫人在损失范围内承担一部分责任。

第一百八十二条　【紧急避险】因紧急避险造成损害的，由引起险情发生的人承担民事责任。

危险由自然原因引起的，紧急避险人不承担民事责任，可以给予适当补偿。

紧急避险采取措施不当或者超过必要的限度，造成不应有的损害的，紧急避险人应当承担适当的民事责任。

▶理解与适用

紧急避险，是指为了使本人或者他人的人身、财产权利免受正在发生的危险，不得已采取的紧急避险行为，造成损害的，不承担责任或者减轻责任的情形。危险有时来自于人的行为，有时来自于自然原因。不管危险来源于哪儿，紧急避险人避让风险、排除危险的行为都有其正当性、合法性。

紧急避险的构成要件：1. 必须是为了使本人、他人的人身、财产权利免受危险的损害。我国《刑法》第21条规定，为了使国家、公共利益、本人或者他人的人身、财产和其他权利免受正在发生的危险，不得已采取的紧急避险行为，造成损害的，不负刑事责任。本条虽然没有对紧急避险的内容作出明确规定，但是应与我国刑法的规定一致，紧急避险应当是使本人或者他人的人身、财产和其他权利免受正在发生的危险，不得已采取的避险行为。2. 必须是对正在发生的危险采取的紧急避险行为。倘若危险已经消除或者尚未发生，或者虽然已经发生但不会对合法权益造成损害，则不得采取紧急避险措施。某人基于对危险状况的误解、臆想而采取紧急避险措施，造成他人利益损害的，应向他人承担民事责任。3. 必须是在不得已情况下采取避险措施。所谓不得已，是指当事人面对突然而遇的危险，不得不采取紧急避险措施，以保全更大的利益，且这个利益是法律所保护的。4. 避险行为不能超过必要的限度。所谓不能超过必要的限度，是指在面临紧急危险时，避险人须采取适当的措施，以尽可能小的损害保全更大的利益，即紧急避险行为所引起的损害应轻于危险所可能带来的损害。只有同时满足以上四个要件，才能构成紧急避险。行为人（避险人）免予承担民事责任。

紧急避险人造成本人或者他人损害的，由引起险情发生的人承担责任。而当危险是由自然原因引起的，则区分两种情况：1. 紧急避险人是为了他人的利益而由受益人给予适当补偿。造成第三人利益损害的，免予对第三人承担责任。例如甲乙丙是系邻居，丙的房子因雷击失火，甲为了引消防车进入灭火，推倒了乙的院墙，使消防车进入后及时扑灭了丙家的大火。按照紧急避险的抗辩事由，甲对乙不承担责任。2. 紧急避险人是为了本人的利益造成第三人利益损害的，则其不承担责任，但应当对第三人的损害给予补偿。

因紧急避险采取措施不当或者超过必要的限度，造成不应有的损害的，紧急避险人应当承担适当的责任。紧急避险采取措施不当，是指在当时的情况下能够采取可能减少或者避免损害的措施而未采取，或者采取的措施并非排除险情所必须。紧急避险超过必要的限度，是指采取紧急避险措施没有减轻损害，或者紧急避险所造成的损害大于所保全的利益。

第一百八十五条　【英雄烈士人格利益的保护】 侵害英雄烈士等的姓名、肖像、名誉、荣誉，损害社会公共利益的，应当承担民事责任。

▶理解与适用

本条保护的对象"英雄烈士等"包括为了人民利益英勇斗争而牺牲，堪为楷模的人，还包括在保卫国家和国家建设中作出巨大贡献、建立卓越功勋，已经故去的人。

▶条文参见

《烈士褒扬条例》第 8 条；《军人抚恤优待条例》第 8 条

第一百八十六条　【违约责任与侵权责任的竞合】 因当事人一方的违约行为，损害对方人身权益、财产权益的，受损害方有权选择请求其承担违约责任或者侵权责任。

▶理解与适用

本条是关于违约责任与侵权责任竞合的规定。

违约责任与侵权责任的竞合，是指义务人的违约行为既符合违约要件，又符合侵权要件，导致违约责任与侵权责任一并产生。从另一方面来说，受损害方既可以就违约责任行使请求权，也可以就侵权责任行使请求权。这就又产生两种请求权竞合的情况。根据公平原则，本条规定，受损方可以在两种请求权中选择行使一种请求权。这意味着受害方只能行使一种请求权，如果受害方选择行使一种请求权并得到实现，那么另一种请求权即告消灭。但是，如果受损害方行使一种请求权未果，而另一种请求权并未因时效而消灭，则受损害方仍可行使另一种请求权。由于合同纠纷与侵权纠纷在管辖法院和适用法律方面存在区别，允许受损害方选择有利于自己的一种诉由提起诉讼，对受损害方比较方便，也有利于对受损害方的保护。对违约方来说，这两种责任无论对方要求其承担哪一种，都是合理的。

第一百九十六条　【不适用诉讼时效的请求权】 下列请求权不适用诉讼时效的规定：

（一）请求停止侵害、排除妨碍、消除危险；

（二）不动产物权和登记的动产物权的权利人请求返还财产；

（三）请求支付抚养费、赡养费或者扶养费；

（四）依法不适用诉讼时效的其他请求权。

……

中华人民共和国民法典侵权责任编（节录）

（2020 年 5 月 28 日中华人民共和国第十三届全国人民代表大会第三次会议通过　2020 年 5 月 28 日中华人民共和国主席令第 45 号公布　自 2021 年 1 月 1 日起施行）

……

第一千一百七十九条　【人身损害赔偿项目】 侵害他人造成人身损害的，应当赔偿医疗费、护理费、交通费、营养费、住院伙食补助费等为治疗和康复支出的合理费用，以及因误工减少的收入。造成残疾的，还应当赔偿辅助器具费和残疾赔偿金；造成死亡的，还应当赔偿丧葬费和死亡赔偿金。

▶理解与适用

本条是对人身损害赔偿范围的规定。

医疗费包括挂号费、检查费、药费、治疗费、康复费等费用。护理费是指受害人因受到损害导致生活不能自理，需要有人进行护理而产生的费用支出。交通费是指受害人及其必要的陪护人员因就医或者转院所实际发生的用于交通的费用。营养费是对受到伤害的人在治疗和康复期间需要补充营养的费用。因误工减少的收入是指受害人由于受到伤害，无法从事正常工作或者劳动而失去或者减少的工作、劳动收入。残疾生活辅助具费是指受害人因残疾而造成身体功能全部或者部分丧失后需要配制补偿功能的残疾辅助器具的费用。残疾赔偿金实际上是对受到伤害造成残疾丧失劳动能力而失去的工资收入的赔偿，我国不采取实际赔偿的方法，而采用一般赔偿20年损失的一次性赔偿方法。

受害人因伤害造成死亡的，还应当赔偿丧葬费和死亡赔偿金。丧葬费是对死者丧葬所应支付的财产损失，应当按照最高人民法院的司法解释规定予以赔偿。对死亡赔偿金也是采取一次性赔偿20年的固定标准计算。

▶条文参见

《产品质量法》第44条；《消费者权益保护法》第49条；《最高人民法院关于审理人身损害赔偿案件适用法律若干问题的解释》第17条、第25条；《最高人民法院关于适用〈中华人民共和国侵权责任法〉若干问题的通知》四

第一千一百八十二条　【侵害人身权益造成财产损失的赔偿数额计算方式】侵害他人人身权益造成财产损失的，按照被侵权人因此受到的损失或者侵权人因此获得的利益赔偿；被侵权人因此受到的损失以及侵权人因此获得的利益难以确定，被侵权人和侵权人就赔偿数额协商不一致，向人民法院提起诉讼的，由人民法院根据实际情况确定赔偿数额。

▶理解与适用

本条是对侵害他人人身权益造成财产损失的赔偿规则的规定。

侵害他人人身权益造成的财产损失的赔偿范围，根据侵害行为及侵害人身权益内容的不同，造成财产损失的情形也不尽相同。主要包括：(1) 侵害他人生命权、健康权、身体权等人身权益造成的财产损失。(2) 侵害他人名誉权、荣誉权、姓名权、肖像权和隐私权等人身权益造成的财产损失。

第一千一百八十三条　【精神损害赔偿】侵害自然人人身权益造成严重精神损害的，被侵权人有权请求精神损害赔偿。

因故意或者重大过失侵害自然人具有人身意义的特定物造成严重精神损害的，被侵权人有权请求精神损害赔偿。

▶理解与适用

本条是对精神损害赔偿责任的规定。

并非只要侵害到人身权益，被侵权人就可以获得精神损害赔偿，

本条规定"造成严重精神损害"才能够获得精神损害赔偿，"严重精神损害"是构成精神损害赔偿的法定条件。偶尔的痛苦和不高兴不能认为是严重精神损害。

对于造成财产损失，一般不以承担精神损害赔偿责任的方法进行救济，但是，如果是因故意或者重大过失侵害自然人具有人身意义的特定物造成严重精神损害的，由于该特定物中包含人身利益（包括人格利益和身份利益因素），对该特定物的损害会造成被侵权人的严重精神损害，被侵权人有权请求精神损害赔偿，侵权人应当对此因特定物的财产损害而造成的被侵权人的精神损害承担赔偿责任。

对于精神损害赔偿，还应当适用《民法典人格权编》第996条规定，即因当事人一方的违约行为，损害对方人格权并造成严重精神损害的，受损害方选择请求其承担违约责任的，不影响受损害方请求精神损害赔偿。因违约造成对方当事人严重精神损害的，违约方也应当承担精神损害赔偿责任，可以在违约诉讼中直接请求精神损害赔偿。

▶**条文参见**

《民法典人格权编》第996条；《最高人民法院关于确定民事侵权精神损害赔偿责任若干问题的解释》第1-4条、第8条

第一千二百零七条　【缺陷产品惩罚性赔偿责任】明知产品存在缺陷仍然生产、销售，或者没有依据前条规定采取有效补救措施，造成他人死亡或者健康严重损害的，被侵权人有权请求相应的惩罚性赔偿。

▶**理解与适用**

［惩罚性赔偿］

惩罚性赔偿也称惩戒性赔偿，是加害人给付受害人超过其实际损害数额的一种金钱赔偿。是一种集补偿、惩罚、遏制等功能于一身的赔偿制度。根据本条的规定，适用惩罚性赔偿的条件是：第一，侵权人具有主观故意，即明明知道是缺陷产品仍然生产、销售，或者没有依据前条规定采取有效补救措施；第二，要有损害事实，这种损害事实不是一般的损害事实，而应当是造成严重损害的事实，即造成他人死亡或者健康受到严重损害；第三，要有因果关系，即被侵权人的生

命被侵害或者健康严重被损害是因为侵权人生产或者销售的缺陷产品造成的。本条还规定了惩罚性赔偿的适用范围，即在被侵权人生命受到损害或者健康受到严重损害的范围内适用，除此之外的其他损害不适用惩罚性赔偿，例如被侵权人的财产损害。被侵权人要求的惩罚赔偿金的数额应当与其所受到的损害相当，具体的赔偿数额由人民法院根据个案具体分析裁决。

▶条文参见

《消费者权益保护法》第55条；《食品安全法》第148条；《最高人民法院关于审理商品房买卖合同纠纷案件适用法律若干问题的解释》第8条、第9条

……

中华人民共和国宪法（节录）

（1982年12月4日第五届全国人民代表大会第五次会议通过　1982年12月4日全国人民代表大会公告公布施行　根据1988年4月12日第七届全国人民代表大会第一次会议通过的《中华人民共和国宪法修正案》、1993年3月29日第八届全国人民代表大会第一次会议通过的《中华人民共和国宪法修正案》、1999年3月15日第九届全国人民代表大会第二次会议通过的《中华人民共和国宪法修正案》、2004年3月14日第十届全国人民代表大会第二次会议通过的《中华人民共和国宪法修正案》和2018年3月11日第十三届全国人民代表大会第一次会议通过的《中华人民共和国宪法修正案》修正）

……

第三十七条　中华人民共和国公民的人身自由不受侵犯。

任何公民，非经人民检察院批准或者决定或者人民法院决定，并由公安机关执行，不受逮捕。

禁止非法拘禁和以其他方法非法剥夺或者限制公民的人身自由，禁止非法搜查公民的身体。

第三十八条　中华人民共和国公民的人格尊严不受侵犯。禁止用任何方法对公民进行侮辱、诽谤和诬告陷害。

第三十九条　中华人民共和国公民的住宅不受侵犯。禁止非法搜查或者非法侵入公民的住宅。

……

中华人民共和国刑法*（节录）

（1979年7月1日第五届全国人民代表大会第二次会议通过　1997年3月14日第八届全国人民代表大会第五次会议修订　1997年3月14日中华人民共和国主席令第83号公布　自1997年10月1日起施行）

……

第二百三十四条之一　组织他人出卖人体器官的，处五年以下有期徒刑，并处罚金；情节严重的，处五年以上有期徒刑，并处罚金或者没收财产。

未经本人同意摘取其器官，或者摘取不满十八周岁的人的器官，或者强迫、欺骗他人捐献器官的，依照本法第二百三十四条、第二百三十二条的规定定罪处罚。

---

* 根据1998年12月29日第九届全国人民代表大会常务委员会第六次会议通过的《全国人民代表大会常务委员会关于惩治骗购外汇、逃汇和非法买卖外汇犯罪的决定》、1999年12月25日第九届全国人民代表大会常务委员会第十三次会议通过的《中华人民共和国刑法修正案》、2001年8月31日第九届全国人民代表大会常务委员会第二十三次会议通过的《中华人民共和国刑法修正案（二）》、2001年12月29日第九届全国人民代表大会常务委员会第二十五次会议通过的《中华人民共和国刑法修正案（三）》、2002年12月28日第九届全国人民代表大会常务委员会第三十一次会议通过的《中华人民共和国刑法修正案（四）》、2005年2月28日第十届全国人民代表大会常务委员会第十四次会议通过的《中华人民共和国刑法修正案（五）》、2006年6月29日第十届全国人民代表大会常务委员会第二十二次会议通过的《中华人民共和国刑法修正案（六）》、2009年2月28日第十一届全国人民代表大会常务委员会第七次会议通过的《中华人民共和国刑法修正案（七）》、2009年8月27日第十一届全国人民代表大会常务委员会第十次会议通过的《关于修改部分法律的决定》、2011年2月25日第十一届全国人民代表大会常务委员会第十九次会议通过的《中华人民共和国刑法修正案（八）》、2015年8月29日第十二届全国人民代表大会常务委员会第十六次会议通过的《中华人民共和国刑法修正案（九）》、2017年11月4日第十二届全国人民代表大会常务委员会第三十次会议通过的《中华人民共和国刑法修正案（十）》修订。

违背本人生前意愿摘取其尸体器官，或者本人生前未表示同意，违反国家规定，违背其近亲属意愿摘取其尸体器官的，依照本法第三百零二条的规定定罪处罚。

第二百三十六条 以暴力、胁迫或者其他手段强奸妇女的，处三年以上十年以下有期徒刑。

奸淫不满十四周岁的幼女的，以强奸论，从重处罚。

强奸妇女、奸淫幼女，有下列情形之一的，处十年以上有期徒刑、无期徒刑或者死刑：

（一）强奸妇女、奸淫幼女情节恶劣的；

（二）强奸妇女、奸淫幼女多人的；

（三）在公共场所当众强奸妇女的；

（四）二人以上轮奸的；

（五）致使被害人重伤、死亡或者造成其他严重后果的。

第二百三十七条 以暴力、胁迫或者其他方法强制猥亵他人或者侮辱妇女的，处五年以下有期徒刑或者拘役。

聚众或者在公共场所当众犯前款罪的，或者有其他恶劣情节的，处五年以上有期徒刑。

猥亵儿童的，依照前两款的规定从重处罚。

第二百三十八条 非法拘禁他人或者以其他方法非法剥夺他人人身自由的，处三年以下有期徒刑、拘役、管制或者剥夺政治权利。具有殴打、侮辱情节的，从重处罚。

犯前款罪，致人重伤的，处三年以上十年以下有期徒刑；致人死亡的，处十年以上有期徒刑。使用暴力致人伤残、死亡的，依照本法第二百三十四条、第二百三十二条的规定定罪处罚。

为索取债务非法扣押、拘禁他人的，依照前两款的规定处罚。

国家机关工作人员利用职权犯前三款罪的，依照前三款的规定从重处罚。

第二百四十一条 收买被拐卖的妇女、儿童的，处三年以下有期徒刑、拘役或者管制。

收买被拐卖的妇女，强行与其发生性关系的，依照本法第二百三十六条的规定定罪处罚。

收买被拐卖的妇女、儿童，非法剥夺、限制其人身自由或者有伤害、侮辱等犯罪行为的，依照本法的有关规定定罪处罚。

收买被拐卖的妇女、儿童，并有第二款、第三款规定的犯罪行为的，依照数罪并罚的规定处罚。

收买被拐卖的妇女、儿童又出卖的，依照本法第二百四十条的规定定罪处罚。

收买被拐卖的妇女、儿童，对被买儿童没有虐待行为，不阻碍对其进行解救的，可以从轻处罚；按照被买妇女的意愿，不阻碍其返回原居住地的，可以从轻或者减轻处罚。

第二百四十四条 以暴力、威胁或者限制人身自由的方法强迫他人劳动的，处三年以下有期徒刑或者拘役，并处罚金；情节严重的，处三年以上十年以下有期徒刑，并处罚金。

明知他人实施前款行为，为其招募、运送人员或者有其他协助强迫他人劳动行为的，依照前款的规定处罚。

单位犯前两款罪的，对单位判处罚金，并对其直接负责的主管人员和其他直接责任人员，依照第一款的规定处罚。

第二百四十五条 非法搜查他人身体、住宅，或者非法侵入他人住宅的，处三年以下有期徒刑或者拘役。

司法工作人员滥用职权，犯前款罪的，从重处罚。

第二百五十三条之一 违反国家有关规定，向他人出售或者提供公民个人信息，情节严重的，处三年以下有期徒刑或者拘役，并处或者单处罚金；情节特别严重的，处三年以上七年以下有期徒刑，并处罚金。

违反国家有关规定，将在履行职责或者提供服务过程中获得的公民个人信息，出售或者提供给他人的，依照前款的规定从重处罚。

窃取或者以其他方法非法获取公民个人信息的，依照第一款的规定处罚。

单位犯前三款罪的，对单位判处罚金，并对其直接负责的主管人员和其他直接责任人员，依照各该款的规定处罚。

第三百一十八条 组织他人偷越国（边）境的，处二年以上七年以下有期徒刑，并处罚金；有下列情形之一的，处七年以上有期徒刑或者无期徒刑，并处罚金或者没收财产：

（一）组织他人偷越国（边）境集团的首要分子；

（二）多次组织他人偷越国（边）境或者组织他人偷越国（边）

境人数众多的；

（三）造成被组织人重伤、死亡的；

（四）剥夺或者限制被组织人人身自由的；

（五）以暴力、威胁方法抗拒检查的；

（六）违法所得数额巨大的；

（七）有其他特别严重情节的。

犯前款罪，对被组织人有杀害、伤害、强奸、拐卖等犯罪行为，或者对检查人员有杀害、伤害等犯罪行为的，依照数罪并罚的规定处罚。

……

中华人民共和国治安管理处罚法（节录）

（2005年8月28日第十届全国人民代表大会常务委员会第十七次会议通过　根据2012年10月26日第十一届全国人民代表大会常务委员会第二十九次会议《关于修改〈中华人民共和国治安管理处罚法〉的决定》修正）

……

第五条　治安管理处罚必须以事实为依据，与违反治安管理行为的性质、情节以及社会危害程度相当。

实施治安管理处罚，应当公开、公正，尊重和保障人权，保护公民的人格尊严。

办理治安案件应当坚持教育与处罚相结合的原则。

第二十七条　有下列行为之一的，处十日以上十五日以下拘留，可以并处一千元以下罚款；情节较轻的，处五日以上十日以下拘留，可以并处五百元以下罚款：

（一）组织、教唆、胁迫、诱骗、煽动他人从事邪教、会道门活动或者利用邪教、会道门、迷信活动，扰乱社会秩序、损害他人身体健康的；

（二）冒用宗教、气功名义进行扰乱社会秩序、损害他人身体健康活动的。

第四十条　有下列行为之一的，处十日以上十五日以下拘留，并处五百元以上一千元以下罚款；情节较轻的，处五日以上十日以下拘留，并处二百元以上五百元以下罚款：

（一）组织、胁迫、诱骗不满十六周岁的人或者残疾人进行恐怖、残忍表演的；

（二）以暴力、威胁或者其他手段强迫他人劳动的；

（三）非法限制他人人身自由、非法侵入他人住宅或者非法搜查他人身体的。

第四十二条 有下列行为之一的，处五日以下拘留或者五百元以下罚款；情节较重的，处五日以上十日以下拘留，可以并处五百元以下罚款：

（一）写恐吓信或者以其他方法威胁他人人身安全的；

（二）公然侮辱他人或者捏造事实诽谤他人的；

（三）捏造事实诬告陷害他人，企图使他人受到刑事追究或者受到治安管理处罚的；

（四）对证人及其近亲属进行威胁、侮辱、殴打或者打击报复的；

（五）多次发送淫秽、侮辱、恐吓或者其他信息，干扰他人正常生活的；

（六）偷窥、偷拍、窃听、散布他人隐私的。

第四十三条 殴打他人的，或者故意伤害他人身体的，处五日以上十日以下拘留，并处二百元以上五百元以下罚款；情节较轻的，处五日以下拘留或者五百元以下罚款。

有下列情形之一的，处十日以上十五日以下拘留，并处五百元以上一千元以下罚款：

（一）结伙殴打、伤害他人的；

（二）殴打、伤害残疾人、孕妇、不满十四周岁的人或者六十周岁以上的人的；

（三）多次殴打、伤害他人或者一次殴打、伤害多人的。

第四十四条 猥亵他人的，或者在公共场所故意裸露身体，情节恶劣的，处五日以上十日以下拘留；猥亵智力残疾人、精神病人、不满十四周岁的人或者有其他严重情节的，处十日以上十五日以下拘留。

第四十五条 有下列行为之一的，处五日以下拘留或者警告：

（一）虐待家庭成员，被虐待人要求处理的；

（二）遗弃没有独立生活能力的被扶养人的。

第四十七条 煽动民族仇恨、民族歧视，或者在出版物、计算机信息网络中刊载民族歧视、侮辱内容的，处十日以上十五日以下拘留，可以并处一千元以下罚款。

第四十八条 冒领、隐匿、毁弃、私自开拆或者非法检查他人邮件的，处五日以下拘留或者五百元以下罚款。

第六十五条 有下列行为之一的，处五日以上十日以下拘留；情节严重的，处十日以上十五日以下拘留，可以并处一千元以下罚款：

（一）故意破坏、污损他人坟墓或者毁坏、丢弃他人尸骨、骨灰的；

（二）在公共场所停放尸体或者因停放尸体影响他人正常生活、工作秩序，不听劝阻的。

第六十六条 卖淫、嫖娼的，处十日以上十五日以下拘留，可以并处五千元以下罚款；情节较轻的，处五日以下拘留或者五百元以下罚款。

在公共场所拉客招嫖的，处五日以下拘留或者五百元以下罚款。

第六十七条 引诱、容留、介绍他人卖淫的，处十日以上十五日以下拘留，可以并处五千元以下罚款；情节较轻的，处五日以下拘留或者五百元以下罚款。

第六十九条 有下列行为之一的，处十日以上十五日以下拘留，并处五百元以上一千元以下罚款：

（一）组织播放淫秽音像的；

（二）组织或者进行淫秽表演的；

（三）参与聚众淫乱活动的。

明知他人从事前款活动，为其提供条件的，依照前款的规定处罚。

第八十条 公安机关及其人民警察在办理治安案件时，对涉及的国家秘密、商业秘密或者个人隐私，应当予以保密。

第一百一十七条 公安机关及其人民警察违法行使职权，侵犯公民、法人和其他组织合法权益的，应当赔礼道歉；造成损害的，应当依法承担赔偿责任。

……

中华人民共和国网络安全法（节录）

（2016年11月7日第十二届全国人民代表大会常务委员会第二十四次会议通过　2016年11月7日中华人民共和国主席令第53号公布　自2017年6月1日起施行）

……

第四十一条　网络运营者收集、使用个人信息，应当遵循合法、正当、必要的原则，公开收集、使用规则，明示收集、使用信息的目的、方式和范围，并经被收集者同意。

网络运营者不得收集与其提供的服务无关的个人信息，不得违反法律、行政法规的规定和双方的约定收集、使用个人信息，并应当依照法律、行政法规的规定和与用户的约定，处理其保存的个人信息。

第四十二条　网络运营者不得泄露、篡改、毁损其收集的个人信息；未经被收集者同意，不得向他人提供个人信息。但是，经过处理无法识别特定个人且不能复原的除外。

网络运营者应当采取技术措施和其他必要措施，确保其收集的个人信息安全，防止信息泄露、毁损、丢失。在发生或者可能发生个人信息泄露、毁损、丢失的情况时，应当立即采取补救措施，按照规定及时告知用户并向有关主管部门报告。

第四十三条　个人发现网络运营者违反法律、行政法规的规定或者双方的约定收集、使用其个人信息的，有权要求网络运营者删除其个人信息；发现网络运营者收集、存储的其个人信息有错误的，有权要求网络运营者予以更正。网络运营者应当采取措施予以删除或者更正。

第四十四条　任何个人和组织不得窃取或者以其他非法方式获取个人信息，不得非法出售或者非法向他人提供个人信息。

第四十五条　依法负有网络安全监督管理职责的部门及其工作人员，必须对在履行职责中知悉的个人信息、隐私和商业秘密严格保密，不得泄露、出售或者非法向他人提供。

第七十六条 本法下列用语的含义：

（一）网络，是指由计算机或者其他信息终端及相关设备组成的按照一定的规则和程序对信息进行收集、存储、传输、交换、处理的系统。

（二）网络安全，是指通过采取必要措施，防范对网络的攻击、侵入、干扰、破坏和非法使用以及意外事故，使网络处于稳定可靠运行的状态，以及保障网络数据的完整性、保密性、可用性的能力。

（三）网络运营者，是指网络的所有者、管理者和网络服务提供者。

（四）网络数据，是指通过网络收集、存储、传输、处理和产生的各种电子数据。

（五）个人信息，是指以电子或者其他方式记录的能够单独或者与其他信息结合识别自然人个人身份的各种信息，包括但不限于自然人的姓名、出生日期、身份证件号码、个人生物识别信息、住址、电话号码等。

……

中华人民共和国妇女权益保障法

（1992年4月3日第七届全国人民代表大会第五次会议通过 根据2005年8月28日第十届全国人民代表大会常务委员会第十七次会议《关于修改〈中华人民共和国妇女权益保障法〉的决定》第一次修正 根据2018年10月26日第十三届全国人民代表大会常务委员会第六次会议《关于修改〈中华人民共和国野生动物保护法〉等十五部法律的决定》第二次修正）

第一章 总 则

第一条 为了保障妇女的合法权益，促进男女平等，充分发挥妇女在社会主义现代化建设中的作用，根据宪法和我国的实际情况，制定本法。

第二条 妇女在政治的、经济的、文化的、社会的和家庭的生活等各方面享有同男子平等的权利。

实行男女平等是国家的基本国策。国家采取必要措施，逐步完善保障妇女权益的各项制度，消除对妇女一切形式的歧视。

国家保护妇女依法享有的特殊权益。

禁止歧视、虐待、遗弃、残害妇女。

第三条 国务院制定中国妇女发展纲要，并将其纳入国民经济和社会发展规划。

县级以上地方各级人民政府根据中国妇女发展纲要，制定本行政区域的妇女发展规划，并将其纳入国民经济和社会发展计划。

第四条 保障妇女的合法权益是全社会的共同责任。国家机关、社会团体、企业事业单位、城乡基层群众性自治组织，应当依照本法和有关法律的规定，保障妇女的权益。

国家采取有效措施，为妇女依法行使权利提供必要的条件。

第五条 国家鼓励妇女自尊、自信、自立、自强，运用法律维护自身合法权益。

妇女应当遵守国家法律，尊重社会公德，履行法律所规定的义务。

第六条 各级人民政府应当重视和加强妇女权益的保障工作。

县级以上人民政府负责妇女儿童工作的机构，负责组织、协调、指导、督促有关部门做好妇女权益的保障工作。

县级以上人民政府有关部门在各自的职责范围内做好妇女权益的保障工作。

第七条 中华全国妇女联合会和地方各级妇女联合会依照法律和中华全国妇女联合会章程，代表和维护各族各界妇女的利益，做好维护妇女权益的工作。

工会、共产主义青年团，应当在各自的工作范围内，做好维护妇女权益的工作。

第八条 对保障妇女合法权益成绩显著的组织和个人，各级人民政府和有关部门给予表彰和奖励。

第二章　政治权利

第九条　国家保障妇女享有与男子平等的政治权利。

第十条　妇女有权通过各种途径和形式，管理国家事务，管理经济和文化事业，管理社会事务。

制定法律、法规、规章和公共政策，对涉及妇女权益的重大问题，应当听取妇女联合会的意见。

妇女和妇女组织有权向各级国家机关提出妇女权益保障方面的意见和建议。

第十一条　妇女享有与男子平等的选举权和被选举权。

全国人民代表大会和地方各级人民代表大会的代表中，应当有适当数量的妇女代表。国家采取措施，逐步提高全国人民代表大会和地方各级人民代表大会的妇女代表的比例。

居民委员会、村民委员会成员中，妇女应当有适当的名额。

第十二条　国家积极培养和选拔女干部。

国家机关、社会团体、企业事业单位培养、选拔和任用干部，必须坚持男女平等的原则，并有适当数量的妇女担任领导成员。

国家重视培养和选拔少数民族女干部。

第十三条　中华全国妇女联合会和地方各级妇女联合会代表妇女积极参与国家和社会事务的民主决策、民主管理和民主监督。

各级妇女联合会及其团体会员，可以向国家机关、社会团体、企业事业单位推荐女干部。

第十四条　对于有关保障妇女权益的批评或者合理建议，有关部门应当听取和采纳；对于有关侵害妇女权益的申诉、控告和检举，有关部门必须查清事实，负责处理，任何组织或者个人不得压制或者打击报复。

第三章　文化教育权益

第十五条　国家保障妇女享有与男子平等的文化教育权利。

第十六条 学校和有关部门应当执行国家有关规定，保障妇女在入学、升学、毕业分配、授予学位、派出留学等方面享有与男子平等的权利。

学校在录取学生时，除特殊专业外，不得以性别为由拒绝录取女性或者提高对女性的录取标准。

第十七条 学校应当根据女性青少年的特点，在教育、管理、设施等方面采取措施，保障女性青少年身心健康发展。

第十八条 父母或者其他监护人必须履行保障适龄女性儿童少年接受义务教育的义务。

除因疾病或者其他特殊情况经当地人民政府批准的以外，对不送适龄女性儿童少年入学的父母或者其他监护人，由当地人民政府予以批评教育，并采取有效措施，责令送适龄女性儿童少年入学。

政府、社会、学校应当采取有效措施，解决适龄女性儿童少年就学存在的实际困难，并创造条件，保证贫困、残疾和流动人口中的适龄女性儿童少年完成义务教育。

第十九条 各级人民政府应当依照规定把扫除妇女中的文盲、半文盲工作，纳入扫盲和扫盲后继续教育规划，采取符合妇女特点的组织形式和工作方法，组织、监督有关部门具体实施。

第二十条 各级人民政府和有关部门应当采取措施，根据城镇和农村妇女的需要，组织妇女接受职业教育和实用技术培训。

第二十一条 国家机关、社会团体和企业事业单位应当执行国家有关规定，保障妇女从事科学、技术、文学、艺术和其他文化活动，享有与男子平等的权利。

第四章　劳动和社会保障权益

第二十二条 国家保障妇女享有与男子平等的劳动权利和社会保障权利。

第二十三条 各单位在录用职工时，除不适合妇女的工种或者岗位外，不得以性别为由拒绝录用妇女或者提高对妇女的录用标准。

各单位在录用女职工时，应当依法与其签订劳动（聘用）合同或者服务协议，劳动（聘用）合同或者服务协议中不得规定限制女职工结婚、生育的内容。

禁止录用未满十六周岁的女性未成年人，国家另有规定的除外。

第二十四条 实行男女同工同酬。妇女在享受福利待遇方面享有与男子平等的权利。

第二十五条 在晋职、晋级、评定专业技术职务等方面，应当坚持男女平等的原则，不得歧视妇女。

第二十六条 任何单位均应根据妇女的特点，依法保护妇女在工作和劳动时的安全和健康，不得安排不适合妇女从事的工作和劳动。

妇女在经期、孕期、产期、哺乳期受特殊保护。

第二十七条 任何单位不得因结婚、怀孕、产假、哺乳等情形，降低女职工的工资，辞退女职工，单方解除劳动（聘用）合同或者服务协议。但是，女职工要求终止劳动（聘用）合同或者服务协议的除外。

各单位在执行国家退休制度时，不得以性别为由歧视妇女。

第二十八条 国家发展社会保险、社会救助、社会福利和医疗卫生事业，保障妇女享有社会保险、社会救助、社会福利和卫生保健等权益。

国家提倡和鼓励为帮助妇女开展的社会公益活动。

第二十九条 国家推行生育保险制度，建立健全与生育相关的其他保障制度。

地方各级人民政府和有关部门应当按照有关规定为贫困妇女提供必要的生育救助。

第五章 财产权益

第三十条 国家保障妇女享有与男子平等的财产权利。

第三十一条 在婚姻、家庭共有财产关系中，不得侵害妇女依法享有的权益。

第三十二条 妇女在农村土地承包经营、集体经济组织收益分配、土地征收或者征用补偿费使用以及宅基地使用等方面，享有与男子平等的权利。

第三十三条 任何组织和个人不得以妇女未婚、结婚、离婚、丧偶等为由，侵害妇女在农村集体经济组织中的各项权益。

因结婚男方到女方住所落户的，男方和子女享有与所在地农村集体经济组织成员平等的权益。

第三十四条 妇女享有的与男子平等的财产继承权受法律保护。在同一顺序法定继承人中，不得歧视妇女。

丧偶妇女有权处分继承的财产，任何人不得干涉。

第三十五条 丧偶妇女对公、婆尽了主要赡养义务的，作为公、婆的第一顺序法定继承人，其继承权不受子女代位继承的影响。

第六章 人身权利

第三十六条 国家保障妇女享有与男子平等的人身权利。

第三十七条 妇女的人身自由不受侵犯。禁止非法拘禁和以其他非法手段剥夺或者限制妇女的人身自由；禁止非法搜查妇女的身体。

第三十八条 妇女的生命健康权不受侵犯。禁止溺、弃、残害女婴；禁止歧视、虐待生育女婴的妇女和不育的妇女；禁止用迷信、暴力等手段残害妇女；禁止虐待、遗弃病、残妇女和老年妇女。

第三十九条 禁止拐卖、绑架妇女；禁止收买被拐卖、绑架的妇女；禁止阻碍解救被拐卖、绑架的妇女。

各级人民政府和公安、民政、劳动和社会保障、卫生等部门按照其职责及时采取措施解救被拐卖、绑架的妇女，做好善后工作，妇女联合会协助和配合做好有关工作。任何人不得歧视被拐卖、绑架的妇女。

第四十条 禁止对妇女实施性骚扰。受害妇女有权向单位和有关机关投诉。

第四十一条 禁止卖淫、嫖娼。

禁止组织、强迫、引诱、容留、介绍妇女卖淫或者对妇女进行猥亵活动。

禁止组织、强迫、引诱妇女进行淫秽表演活动。

第四十二条 妇女的名誉权、荣誉权、隐私权、肖像权等人格权受法律保护。

禁止用侮辱、诽谤等方式损害妇女的人格尊严。禁止通过大众传播媒介或者其他方式贬低损害妇女人格。未经本人同意，不得以营利为目的，通过广告、商标、展览橱窗、报纸、期刊、图书、音像制品、电子出版物、网络等形式使用妇女肖像。

第七章　婚姻家庭权益

第四十三条　国家保障妇女享有与男子平等的婚姻家庭权利。

第四十四条　国家保护妇女的婚姻自主权。禁止干涉妇女的结婚、离婚自由。

第四十五条　女方在怀孕期间、分娩后一年内或者终止妊娠后六个月内，男方不得提出离婚。女方提出离婚的，或者人民法院认为确有必要受理男方离婚请求的，不在此限。

第四十六条　禁止对妇女实施家庭暴力。

国家采取措施，预防和制止家庭暴力。

公安、民政、司法行政等部门以及城乡基层群众性自治组织、社会团体，应当在各自的职责范围内预防和制止家庭暴力，依法为受害妇女提供救助。

第四十七条　妇女对依照法律规定的夫妻共同财产享有与其配偶平等的占有、使用、收益和处分的权利，不受双方收入状况的影响。

夫妻书面约定婚姻关系存续期间所得的财产归各自所有，女方因抚育子女、照料老人、协助男方工作等承担较多义务的，有权在离婚时要求男方予以补偿。

第四十八条　夫妻共有的房屋，离婚时，分割住房由双方协议解决；协议不成的，由人民法院根据双方的具体情况，按照照顾子女和女方权益的原则判决。夫妻双方另有约定的除外。

夫妻共同租用的房屋，离婚时，女方的住房应当按照照顾子女和女方权益的原则解决。

第四十九条　父母双方对未成年子女享有平等的监护权。

父亲死亡、丧失行为能力或者有其他情形不能担任未成年子女的监护人的，母亲的监护权任何人不得干涉。

第五十条　离婚时，女方因实施绝育手术或者其他原因丧失生育能力的，处理子女抚养问题，应在有利子女权益的条件下，照顾女方的合理要求。

第五十一条 妇女有按照国家有关规定生育子女的权利，也有不生育的自由。

育龄夫妻双方按照国家有关规定计划生育，有关部门应当提供安全、有效的避孕药具和技术，保障实施节育手术的妇女的健康和安全。

国家实行婚前保健、孕产期保健制度，发展母婴保健事业。各级人民政府应当采取措施，保障妇女享有计划生育技术服务，提高妇女的生殖健康水平。

第八章 法律责任

第五十二条 妇女的合法权益受到侵害的，有权要求有关部门依法处理，或者依法向仲裁机构申请仲裁，或者向人民法院起诉。

对有经济困难需要法律援助或者司法救助的妇女，当地法律援助机构或者人民法院应当给予帮助，依法为其提供法律援助或者司法救助。

第五十三条 妇女的合法权益受到侵害的，可以向妇女组织投诉，妇女组织应当维护被侵害妇女的合法权益，有权要求并协助有关部门或者单位查处。有关部门或者单位应当依法查处，并予以答复。

第五十四条 妇女组织对于受害妇女进行诉讼需要帮助的，应当给予支持。

妇女联合会或者相关妇女组织对侵害特定妇女群体利益的行为，可以通过大众传播媒介揭露、批评，并有权要求有关部门依法查处。

第五十五条 违反本法规定，以妇女未婚、结婚、离婚、丧偶等为由，侵害妇女在农村集体经济组织中的各项权益的，或者因结婚男方到女方住所落户，侵害男方和子女享有与所在地农村集体经济组织成员平等权益的，由乡镇人民政府依法调解；受害人也可以依法向农村土地承包仲裁机构申请仲裁，或者向人民法院起诉，人民法院应当依法受理。

第五十六条 违反本法规定，侵害妇女的合法权益，其他法律、法规规定行政处罚的，从其规定；造成财产损失或者其他损害的，依法承担民事责任；构成犯罪的，依法追究刑事责任。

第五十七条 违反本法规定，对侵害妇女权益的申诉、控告、检举，推诿、拖延、压制不予查处，或者对提出申诉、控告、检举的人进行打击报复的，由其所在单位、主管部门或者上级机关责令改正，并依法对直接负责的主管人员和其他直接责任人员给予行政处分。

国家机关及其工作人员未依法履行职责，对侵害妇女权益的行为未及时制止或者未给予受害妇女必要帮助，造成严重后果的，由其所在单位或者上级机关依法对直接负责的主管人员和其他直接责任人员给予行政处分。

违反本法规定，侵害妇女文化教育权益、劳动和社会保障权益、人身和财产权益以及婚姻家庭权益的，由其所在单位、主管部门或者上级机关责令改正，直接负责的主管人员和其他直接责任人员属于国家工作人员的，由其所在单位或者上级机关依法给予行政处分。

第五十八条 违反本法规定，对妇女实施性骚扰或者家庭暴力，构成违反治安管理行为的，受害人可以提请公安机关对违法行为人依法给予行政处罚，也可以依法向人民法院提起民事诉讼。

第五十九条 违反本法规定，通过大众传播媒介或者其他方式贬低损害妇女人格的，由文化、广播电视、电影、新闻出版或者其他有关部门依据各自的职权责令改正，并依法给予行政处罚。

第九章　附　　则

第六十条 省、自治区、直辖市人民代表大会常务委员会可以根据本法制定实施办法。

民族自治地方的人民代表大会，可以依据本法规定的原则，结合当地民族妇女的具体情况，制定变通的或者补充的规定。自治区的规定，报全国人民代表大会常务委员会批准后生效；自治州、自治县的规定，报省、自治区、直辖市人民代表大会常务委员会批准后生效，并报全国人民代表大会常务委员会备案。

第六十一条 本法自 1992 年 10 月 1 日起施行。

中华人民共和国老年人权益保障法（节录）

（1996年8月29日第八届全国人民代表大会常务委员会第二十一次会议通过　根据2009年8月27日第十一届全国人民代表大会常务委员会第十次会议《关于修改部分法律的决定》第一次修正　2012年12月28日第十一届全国人民代表大会常务委员会第三十次会议修订　根据2015年4月24日第十二届全国人民代表大会常务委员会第十四次会议《关于修改〈中华人民共和国电力法〉等六部法律的决定》第二次修正　根据2018年12月29日第十三届全国人民代表大会常务委员会第七次会议《关于修改〈中华人民共和国劳动法〉等七部法律的决定》第三次修正）

……

第二章　家庭赡养与扶养

第十三条　老年人养老以居家为基础，家庭成员应当尊重、关心和照料老年人。

第十四条　赡养人应当履行对老年人经济上供养、生活上照料和精神上慰藉的义务，照顾老年人的特殊需要。

赡养人是指老年人的子女以及其他依法负有赡养义务的人。

赡养人的配偶应当协助赡养人履行赡养义务。

第十五条　赡养人应当使患病的老年人及时得到治疗和护理；对经济困难的老年人，应当提供医疗费用。

对生活不能自理的老年人，赡养人应当承担照料责任；不能亲自照料的，可以按照老年人的意愿委托他人或者养老机构等照料。

第十六条　赡养人应当妥善安排老年人的住房，不得强迫老年人居住或者迁居条件低劣的房屋。

老年人自有的或者承租的住房，子女或者其他亲属不得侵占，不得擅自改变产权关系或者租赁关系。

老年人自有的住房，赡养人有维修的义务。

第十七条 赡养人有义务耕种或者委托他人耕种老年人承包的田地，照管或者委托他人照管老年人的林木和牲畜等，收益归老年人所有。

第十八条 家庭成员应当关心老年人的精神需求，不得忽视、冷落老年人。

与老年人分开居住的家庭成员，应当经常看望或者问候老年人。

用人单位应当按照国家有关规定保障赡养人探亲休假的权利。

第十九条 赡养人不得以放弃继承权或者其他理由，拒绝履行赡养义务。

赡养人不履行赡养义务，老年人有要求赡养人付给赡养费等权利。

赡养人不得要求老年人承担力不能及的劳动。

第二十条 经老年人同意，赡养人之间可以就履行赡养义务签订协议。赡养协议的内容不得违反法律的规定和老年人的意愿。

基层群众性自治组织、老年人组织或者赡养人所在单位监督协议的履行。

第二十一条 老年人的婚姻自由受法律保护。子女或者其他亲属不得干涉老年人离婚、再婚及婚后的生活。

赡养人的赡养义务不因老年人的婚姻关系变化而消除。

第二十二条 老年人对个人的财产，依法享有占有、使用、收益和处分的权利，子女或者其他亲属不得干涉，不得以窃取、骗取、强行索取等方式侵犯老年人的财产权益。

老年人有依法继承父母、配偶、子女或者其他亲属遗产的权利，有接受赠与的权利。子女或者其他亲属不得侵占、抢夺、转移、隐匿或者损毁应当由老年人继承或者接受赠与的财产。

老年人以遗嘱处分财产，应当依法为老年配偶保留必要的份额。

第二十三条 老年人与配偶有相互扶养的义务。

由兄、姐扶养的弟、妹成年后，有负担能力的，对年老无赡养人的兄、姐有扶养的义务。

第二十四条 赡养人、扶养人不履行赡养、扶养义务的，基层群众性自治组织、老年人组织或者赡养人、扶养人所在单位应当督促其履行。

第二十五条 禁止对老年人实施家庭暴力。

第二十六条 具备完全民事行为能力的老年人，可以在近亲属或者其他与自己关系密切、愿意承担监护责任的个人、组织中协商确定自己的监护人。监护人在老年人丧失或者部分丧失民事行为能力时，依法承担监护责任。

老年人未事先确定监护人的，其丧失或者部分丧失民事行为能力时，依照有关法律的规定确定监护人。

第二十七条 国家建立健全家庭养老支持政策，鼓励家庭成员与老年人共同生活或者就近居住，为老年人随配偶或者赡养人迁徙提供条件，为家庭成员照料老年人提供帮助。

……

中华人民共和国精神卫生法（节录）

（2012年10月26日第十一届全国人民代表大会常务委员会第二十九次会议通过　根据2018年4月27日第十三届全国人民代表大会常务委员会第二次会议《关于修改〈中华人民共和国国境卫生检疫法〉等六部法律的决定》修正）

……

第四条 精神障碍患者的人格尊严、人身和财产安全不受侵犯。

精神障碍患者的教育、劳动、医疗以及从国家和社会获得物质帮助等方面的合法权益受法律保护。

有关单位和个人应当对精神障碍患者的姓名、肖像、住址、工作单位、病历资料以及其他可能推断出其身份的信息予以保密；但是，依法履行职责需要公开的除外。

第五条 全社会应当尊重、理解、关爱精神障碍患者。

任何组织或者个人不得歧视、侮辱、虐待精神障碍患者，不得非法限制精神障碍患者的人身自由。

新闻报道和文学艺术作品等不得含有歧视、侮辱精神障碍患者的内容。

第二十三条 心理咨询人员应当提高业务素质，遵守执业规范，为社会公众提供专业化的心理咨询服务。

心理咨询人员不得从事心理治疗或者精神障碍的诊断、治疗。

心理咨询人员发现接受咨询的人员可能患有精神障碍的，应当建议其到符合本法规定的医疗机构就诊。

心理咨询人员应当尊重接受咨询人员的隐私，并为其保守秘密。

第二十六条 精神障碍的诊断、治疗，应当遵循维护患者合法权益、尊重患者人格尊严的原则，保障患者在现有条件下获得良好的精神卫生服务。

精神障碍分类、诊断标准和治疗规范，由国务院卫生行政部门组织制定。

第二十七条 精神障碍的诊断应当以精神健康状况为依据。

除法律另有规定外，不得违背本人意志进行确定其是否患有精神障碍的医学检查。

第二十八条 除个人自行到医疗机构进行精神障碍诊断外，疑似精神障碍患者的近亲属可以将其送往医疗机构进行精神障碍诊断。对查找不到近亲属的流浪乞讨疑似精神障碍患者，由当地民政等有关部门按照职责分工，帮助送往医疗机构进行精神障碍诊断。

疑似精神障碍患者发生伤害自身、危害他人安全的行为，或者有伤害自身、危害他人安全的危险的，其近亲属、所在单位、当地公安机关应当立即采取措施予以制止，并将其送往医疗机构进行精神障碍诊断。

医疗机构接到送诊的疑似精神障碍患者，不得拒绝为其作出诊断。

第七十一条 精神卫生工作人员的人格尊严、人身安全不受侵犯，精神卫生工作人员依法履行职责受法律保护。全社会应当尊重精神卫生工作人员。

县级以上人民政府及其有关部门、医疗机构、康复机构应当采取措施，加强对精神卫生工作人员的职业保护，提高精神卫生工作人员的待遇水平，并按照规定给予适当的津贴。精神卫生工作人员因工致伤、致残、死亡的，其工伤待遇以及抚恤按照国家有关规定执行。

第七十八条 违反本法规定，有下列情形之一，给精神障碍患者或者其他公民造成人身、财产或者其他损害的，依法承担赔偿责任：

（一）将非精神障碍患者故意作为精神障碍患者送入医疗机构治疗的；

（二）精神障碍患者的监护人遗弃患者，或者有不履行监护职责的其他情形的；

（三）歧视、侮辱、虐待精神障碍患者，侵害患者的人格尊严、人身安全的；

（四）非法限制精神障碍患者人身自由的；

（五）其他侵害精神障碍患者合法权益的情形。

第八十三条 本法所称精神障碍，是指由各种原因引起的感知、情感和思维等精神活动的紊乱或者异常，导致患者明显的心理痛苦或者社会适应等功能损害。

本法所称严重精神障碍，是指疾病症状严重，导致患者社会适应等功能严重损害、对自身健康状况或者客观现实不能完整认识，或者不能处理自身事务的精神障碍。

本法所称精神障碍患者的监护人，是指依照民法通则的有关规定可以担任监护人的人。

……

中华人民共和国未成年人保护法（节录）

（1991年9月4日第七届全国人民代表大会常务委员会第二十一次会议通过　2006年12月29日第十届全国人民代表大会常务委员会第二十五次会议修订　根据2012年10月26日第十一届全国人民代表大会常务委员会第二十九次会议《关于修改〈中华人民共和国未成年人保护法〉的决定》修正）

……

第三条 未成年人享有生存权、发展权、受保护权、参与权等权利，国家根据未成年人身心发展特点给予特殊、优先保护，保障未成年人的合法权益不受侵犯。

未成年人享有受教育权，国家、社会、学校和家庭尊重和保障未成年人的受教育权。

未成年人不分性别、民族、种族、家庭财产状况、宗教信仰等，依法平等地享有权利。

第五条 保护未成年人的工作，应当遵循下列原则：

（一）尊重未成年人的人格尊严；

（二）适应未成年人身心发展的规律和特点；

（三）教育与保护相结合。

第二十一条 学校、幼儿园、托儿所的教职员工应当尊重未成年人的人格尊严，不得对未成年人实施体罚、变相体罚或者其他侮辱人格尊严的行为。

第三十条 爱国主义教育基地、图书馆、青少年宫、儿童活动中心应当对未成年人免费开放；博物馆、纪念馆、科技馆、展览馆、美术馆、文化馆以及影剧院、体育场馆、动物园、公园等场所，应当按照有关规定对未成年人免费或者优惠开放。

第三十五条 生产、销售用于未成年人的食品、药品、玩具、用具和游乐设施等，应当符合国家标准或者行业标准，不得有害于未成年人的安全和健康；需要标明注意事项的，应当在显著位置标明。

第三十八条 任何组织或者个人不得招用未满十六周岁的未成年人，国家另有规定的除外。

任何组织或者个人按照国家有关规定招用已满十六周岁未满十八周岁的未成年人的，应当执行国家在工种、劳动时间、劳动强度和保护措施等方面的规定，不得安排其从事过重、有毒、有害等危害未成年人身心健康的劳动或者危险作业。

第三十九条 任何组织或者个人不得披露未成年人的个人隐私。

对未成年人的信件、日记、电子邮件，任何组织或者个人不得隐匿、毁弃；除因追查犯罪的需要，由公安机关或者人民检察院依法进行检查，或者对无行为能力的未成年人的信件、日记、电子邮件由其父母或者其他监护人代为开拆、查阅外，任何组织或者个人不得开拆、查阅。

第四十一条 禁止拐卖、绑架、虐待未成年人，禁止对未成年人实施性侵害。

禁止胁迫、诱骗、利用未成年人乞讨或者组织未成年人进行有害其身心健康的表演等活动。

第四十六条 国家依法保护未成年人的智力成果和荣誉权不受侵犯。

第五十五条 公安机关、人民检察院、人民法院办理未成年人犯罪案件和涉及未成年人权益保护案件，应当照顾未成年人身心发展特点，尊重他们的人格尊严，保障他们的合法权益，并根据需要设立专门机构或者指定专人办理。

第五十六条 讯问、审判未成年犯罪嫌疑人、被告人，询问未成年证人、被害人，应当依照刑事诉讼法的规定通知其法定代理人或者其他人员到场。

公安机关、人民检察院、人民法院办理未成年人遭受性侵害的刑事案件，应当保护被害人的名誉。

第五十八条 对未成年人犯罪案件，新闻报道、影视节目、公开出版物、网络等不得披露该未成年人的姓名、住所、照片、图像以及可能推断出该未成年人的资料。

第六十三条 学校、幼儿园、托儿所侵害未成年人合法权益的，由教育行政部门或者其他有关部门责令改正；情节严重的，对直接负责的主管人员和其他直接责任人员依法给予处分。

学校、幼儿园、托儿所教职员工对未成年人实施体罚、变相体罚或者其他侮辱人格行为的，由其所在单位或者上级机关责令改正；情节严重的，依法给予处分。

……

中华人民共和国残疾人保障法（节录）

（1990 年 12 月 28 日第七届全国人民代表大会常务委员会第十七次会议通过　2008 年 4 月 24 日第十一届全国人民代表大会常务委员会第二次会议修订　根据 2018 年 10 月 26 日第十三届全国人民代表大会常务委员会第六次会议《关于修改〈中华人民共和国野生动物保护法〉等十五部法律的决定》修正）

……

第三条 残疾人在政治、经济、文化、社会和家庭生活等方面享有同其他公民平等的权利。

残疾人的公民权利和人格尊严受法律保护。

禁止基于残疾的歧视。禁止侮辱、侵害残疾人。禁止通过大众传播媒介或者其他方式贬低损害残疾人人格。

第九条 残疾人的扶养人必须对残疾人履行扶养义务。

残疾人的监护人必须履行监护职责，尊重被监护人的意愿，维护被监护人的合法权益。

残疾人的亲属、监护人应当鼓励和帮助残疾人增强自立能力。

禁止对残疾人实施家庭暴力，禁止虐待、遗弃残疾人。

第二十五条 普通教育机构对具有接受普通教育能力的残疾人实施教育，并为其学习提供便利和帮助。

普通小学、初级中等学校，必须招收能适应其学习生活的残疾儿童、少年入学；普通高级中等学校、中等职业学校和高等学校，必须招收符合国家规定的录取要求的残疾考生入学，不得因其残疾而拒绝招收；拒绝招收的，当事人或者其亲属、监护人可以要求有关部门处理，有关部门应当责令该学校招收。

普通幼儿教育机构应当接收能适应其生活的残疾幼儿。

第四十条 任何单位和个人不得以暴力、威胁或者非法限制人身自由的手段强迫残疾人劳动。

第四十九条 地方各级人民政府对无劳动能力、无扶养人或者扶养人不具有扶养能力、无生活来源的残疾人，按照规定予以供养。

国家鼓励和扶持社会力量举办残疾人供养、托养机构。

残疾人供养、托养机构及其工作人员不得侮辱、虐待、遗弃残疾人。

第五十九条 残疾人的合法权益受到侵害的，可以向残疾人组织投诉，残疾人组织应当维护残疾人的合法权益，有权要求有关部门或者单位查处。有关部门或者单位应当依法查处，并予以答复。

残疾人组织对残疾人通过诉讼维护其合法权益需要帮助的，应当给予支持。

残疾人组织对侵害特定残疾人群体利益的行为，有权要求有关部门依法查处。

第六十条 残疾人的合法权益受到侵害的，有权要求有关部门依法处理，或者依法向仲裁机构申请仲裁，或者依法向人民法院提起诉讼。

对有经济困难或者其他原因确需法律援助或者司法救助的残疾人，当地法律援助机构或者人民法院应当给予帮助，依法为其提供法律援助或者司法救助。

第六十二条 违反本法规定，通过大众传播媒介或者其他方式贬低损害残疾人人格的，由文化、广播电视、电影、新闻出版或者其他有关主管部门依据各自的职权责令改正，并依法给予行政处罚。

第六十三条 违反本法规定，有关教育机构拒不接收残疾学生入学，或者在国家规定的录取要求以外附加条件限制残疾学生就学的，由有关主管部门责令改正，并依法对直接负责的主管人员和其他直接责任人员给予处分。

第六十四条 违反本法规定，在职工的招用等方面歧视残疾人的，由有关主管部门责令改正；残疾人劳动者可以依法向人民法院提起诉讼。

第六十五条 违反本法规定，供养、托养机构及其工作人员侮辱、虐待、遗弃残疾人的，对直接负责的主管人员和其他直接责任人员依法给予处分；构成违反治安管理行为的，依法给予行政处罚。

第六十七条 违反本法规定，侵害残疾人的合法权益，其他法律、法规规定行政处罚的，从其规定；造成财产损失或者其他损害的，依法承担民事责任；构成犯罪的，依法追究刑事责任。

……

人体器官移植条例（节录）

（2007年3月21日国务院第171次常务会议通过　2007年3月31日中华人民共和国国务院令第491号公布　自2007年5月1日起施行）

……

第七条 人体器官捐献应当遵循自愿、无偿的原则。

公民享有捐献或者不捐献其人体器官的权利；任何组织或者个人

不得强迫、欺骗或者利诱他人捐献人体器官。

第八条 捐献人体器官的公民应当具有完全民事行为能力。公民捐献其人体器官应当有书面形式的捐献意愿，对已经表示捐献其人体器官的意愿，有权予以撤销。

公民生前表示不同意捐献其人体器官的，任何组织或者个人不得捐献、摘取该公民的人体器官；公民生前未表示不同意捐献其人体器官的，该公民死亡后，其配偶、成年子女、父母可以以书面形式共同表示同意捐献该公民人体器官的意愿。

第九条 任何组织或者个人不得摘取未满 18 周岁公民的活体器官用于移植。

第十条 活体器官的接受人限于活体器官捐献人的配偶、直系血亲或者三代以内旁系血亲，或者有证据证明与活体器官捐献人存在因帮扶等形成亲情关系的人员。

……

中华人民共和国
人类遗传资源管理条例（节录）

（2019 年 3 月 20 日国务院第 41 次常务会议通过　2019 年 5 月 28 日中华人民共和国国务院令第 717 号公布　自 2019 年 7 月 1 日起行）

……

第二条 本条例所称人类遗传资源包括人类遗传资源材料和人类遗传资源信息。

人类遗传资源材料是指含有人体基因组、基因等遗传物质的器官、组织、细胞等遗传材料。

人类遗传资源信息是指利用人类遗传资源材料产生的数据等信息资料。

第七条 外国组织、个人及其设立或者实际控制的机构不得在我国境内采集、保藏我国人类遗传资源，不得向境外提供我国人类遗传资源。

第八条 采集、保藏、利用、对外提供我国人类遗传资源，不得危害我国公众健康、国家安全和社会公共利益。

第九条 采集、保藏、利用、对外提供我国人类遗传资源，应当符合伦理原则，并按照国家有关规定进行伦理审查。

采集、保藏、利用、对外提供我国人类遗传资源，应当尊重人类遗传资源提供者的隐私权，取得其事先知情同意，并保护其合法权益。

采集、保藏、利用、对外提供我国人类遗传资源，应当遵守国务院科学技术行政部门制定的技术规范。

第十条 禁止买卖人类遗传资源。

为科学研究依法提供或者使用人类遗传资源并支付或者收取合理成本费用，不视为买卖。

……

征信业管理条例

（2012年12月26日国务院第228次常务会议通过 2013年1月21日中华人民共和国国务院令第631号公布 自2013年3月15日起施行）

第一章 总 则

第一条 为了规范征信活动，保护当事人合法权益，引导、促进征信业健康发展，推进社会信用体系建设，制定本条例。

第二条 在中国境内从事征信业务及相关活动，适用本条例。

本条例所称征信业务，是指对企业、事业单位等组织（以下统称企业）的信用信息和个人的信用信息进行采集、整理、保存、加工，并向信息使用者提供的活动。

国家设立的金融信用信息基础数据库进行信息的采集、整理、保存、加工和提供，适用本条例第五章规定。

国家机关以及法律、法规授权的具有管理公共事务职能的组织依照法律、行政法规和国务院的规定，为履行职责进行的企业和个人信息的采集、整理、保存、加工和公布，不适用本条例。

第三条 从事征信业务及相关活动，应当遵守法律法规，诚实守信，不得危害国家秘密，不得侵犯商业秘密和个人隐私。

第四条 中国人民银行（以下称国务院征信业监督管理部门）及其派出机构依法对征信业进行监督管理。

县级以上地方人民政府和国务院有关部门依法推进本地区、本行业的社会信用体系建设，培育征信市场，推动征信业发展。

第二章 征 信 机 构

第五条 本条例所称征信机构，是指依法设立，主要经营征信业务的机构。

第六条 设立经营个人征信业务的征信机构，应当符合《中华人民共和国公司法》规定的公司设立条件和下列条件，并经国务院征信业监督管理部门批准：

（一）主要股东信誉良好，最近 3 年无重大违法违规记录；

（二）注册资本不少于人民币 5000 万元；

（三）有符合国务院征信业监督管理部门规定的保障信息安全的设施、设备和制度、措施；

（四）拟任董事、监事和高级管理人员符合本条例第八条规定的任职条件；

（五）国务院征信业监督管理部门规定的其他审慎性条件。

第七条 申请设立经营个人征信业务的征信机构，应当向国务院征信业监督管理部门提交申请书和证明其符合本条例第六条规定条件的材料。

国务院征信业监督管理部门应当依法进行审查，自受理申请之日起 60 日内作出批准或者不予批准的决定。决定批准的，颁发个人征信业务经营许可证；不予批准的，应当书面说明理由。

经批准设立的经营个人征信业务的征信机构，凭个人征信业务经营许可证向公司登记机关办理登记。

未经国务院征信业监督管理部门批准，任何单位和个人不得经营个人征信业务。

第八条 经营个人征信业务的征信机构的董事、监事和高级管理人员，应当熟悉与征信业务相关的法律法规，具有履行职责所需的征信业从业经验和管理能力，最近3年无重大违法违规记录，并取得国务院征信业监督管理部门核准的任职资格。

第九条 经营个人征信业务的征信机构设立分支机构、合并或者分立、变更注册资本、变更出资额占公司资本总额5%以上或者持股占公司股份5%以上的股东的，应当经国务院征信业监督管理部门批准。

经营个人征信业务的征信机构变更名称的，应当向国务院征信业监督管理部门办理备案。

第十条 设立经营企业征信业务的征信机构，应当符合《中华人民共和国公司法》规定的设立条件，并自公司登记机关准予登记之日起30日内向所在地的国务院征信业监督管理部门派出机构办理备案，并提供下列材料：

（一）营业执照；

（二）股权结构、组织机构说明；

（三）业务范围、业务规则、业务系统的基本情况；

（四）信息安全和风险防范措施。

备案事项发生变更的，应当自变更之日起30日内向原备案机构办理变更备案。

第十一条 征信机构应当按照国务院征信业监督管理部门的规定，报告上一年度开展征信业务的情况。

国务院征信业监督管理部门应当向社会公告经营个人征信业务和企业征信业务的征信机构名单，并及时更新。

第十二条 征信机构解散或者被依法宣告破产的，应当向国务院征信业监督管理部门报告，并按照下列方式处理信息数据库：

（一）与其他征信机构约定并经国务院征信业监督管理部门同意，转让给其他征信机构；

（二）不能依照前项规定转让的，移交给国务院征信业监督管理部门指定的征信机构；

（三）不能依照前两项规定转让、移交的，在国务院征信业监督管理部门的监督下销毁。

经营个人征信业务的征信机构解散或者被依法宣告破产的，还应当在国务院征信业监督管理部门指定的媒体上公告，并将个人征信业务经营许可证交国务院征信业监督管理部门注销。

第三章　征信业务规则

第十三条　采集个人信息应当经信息主体本人同意，未经本人同意不得采集。但是，依照法律、行政法规规定公开的信息除外。

企业的董事、监事、高级管理人员与其履行职务相关的信息，不作为个人信息。

第十四条　禁止征信机构采集个人的宗教信仰、基因、指纹、血型、疾病和病史信息以及法律、行政法规规定禁止采集的其他个人信息。

征信机构不得采集个人的收入、存款、有价证券、商业保险、不动产的信息和纳税数额信息。但是，征信机构明确告知信息主体提供该信息可能产生的不利后果，并取得其书面同意的除外。

第十五条　信息提供者向征信机构提供个人不良信息，应当事先告知信息主体本人。但是，依照法律、行政法规规定公开的不良信息除外。

第十六条　征信机构对个人不良信息的保存期限，自不良行为或者事件终止之日起为 5 年；超过 5 年的，应当予以删除。

在不良信息保存期限内，信息主体可以对不良信息作出说明，征信机构应当予以记载。

第十七条　信息主体可以向征信机构查询自身信息。个人信息主体有权每年两次免费获取本人的信用报告。

第十八条　向征信机构查询个人信息的，应当取得信息主体本人的书面同意并约定用途。但是，法律规定可以不经同意查询的除外。

征信机构不得违反前款规定提供个人信息。

第十九条　征信机构或者信息提供者、信息使用者采用格式合同条款取得个人信息主体同意的，应当在合同中作出足以引起信息主体注意的提示，并按照信息主体的要求作出明确说明。

第二十条　信息使用者应当按照与个人信息主体约定的用途使用

个人信息，不得用作约定以外的用途，不得未经个人信息主体同意向第三方提供。

第二十一条 征信机构可以通过信息主体、企业交易对方、行业协会提供信息，政府有关部门依法已公开的信息，人民法院依法公布的判决、裁定等渠道，采集企业信息。

征信机构不得采集法律、行政法规禁止采集的企业信息。

第二十二条 征信机构应当按照国务院征信业监督管理部门的规定，建立健全和严格执行保障信息安全的规章制度，并采取有效技术措施保障信息安全。

经营个人征信业务的征信机构应当对其工作人员查询个人信息的权限和程序作出明确规定，对工作人员查询个人信息的情况进行登记，如实记载查询工作人员的姓名，查询的时间、内容及用途。工作人员不得违反规定的权限和程序查询信息，不得泄露工作中获取的信息。

第二十三条 征信机构应当采取合理措施，保障其提供信息的准确性。

征信机构提供的信息供信息使用者参考。

第二十四条 征信机构在中国境内采集的信息的整理、保存和加工，应当在中国境内进行。

征信机构向境外组织或者个人提供信息，应当遵守法律、行政法规和国务院征信业监督管理部门的有关规定。

第四章 异议和投诉

第二十五条 信息主体认为征信机构采集、保存、提供的信息存在错误、遗漏的，有权向征信机构或者信息提供者提出异议，要求更正。

征信机构或者信息提供者收到异议，应当按照国务院征信业监督管理部门的规定对相关信息作出存在异议的标注，自收到异议之日起20日内进行核查和处理，并将结果书面答复异议人。

经核查，确认相关信息确有错误、遗漏的，信息提供者、征信机构应当予以更正；确认不存在错误、遗漏的，应当取消异议标注；经核查仍不能确认的，对核查情况和异议内容应当予以记载。

第二十六条　信息主体认为征信机构或者信息提供者、信息使用者侵害其合法权益的，可以向所在地的国务院征信业监督管理部门派出机构投诉。

受理投诉的机构应当及时进行核查和处理，自受理之日起30日内书面答复投诉人。

信息主体认为征信机构或者信息提供者、信息使用者侵害其合法权益的，可以直接向人民法院起诉。

第五章　金融信用信息基础数据库

第二十七条　国家设立金融信用信息基础数据库，为防范金融风险、促进金融业发展提供相关信息服务。

金融信用信息基础数据库由专业运行机构建设、运行和维护。该运行机构不以营利为目的，由国务院征信业监督管理部门监督管理。

第二十八条　金融信用信息基础数据库接收从事信贷业务的机构按照规定提供的信贷信息。

金融信用信息基础数据库为信息主体和取得信息主体本人书面同意的信息使用者提供查询服务。国家机关可以依法查询金融信用信息基础数据库的信息。

第二十九条　从事信贷业务的机构应当按照规定向金融信用信息基础数据库提供信贷信息。

从事信贷业务的机构向金融信用信息基础数据库或者其他主体提供信贷信息，应当事先取得信息主体的书面同意，并适用本条例关于信息提供者的规定。

第三十条　不从事信贷业务的金融机构向金融信用信息基础数据库提供、查询信用信息以及金融信用信息基础数据库接收其提供的信用信息的具体办法，由国务院征信业监督管理部门会同国务院有关金融监督管理机构依法制定。

第三十一条　金融信用信息基础数据库运行机构可以按照补偿成本原则收取查询服务费用，收费标准由国务院价格主管部门规定。

第三十二条　本条例第十四条、第十六条、第十七条、第十八条、第二十二条、第二十三条、第二十四条、第二十五条、第二十六条适用于金融信用信息基础数据库运行机构。

第六章　监督管理

第三十三条　国务院征信业监督管理部门及其派出机构依照法律、行政法规和国务院的规定，履行对征信业和金融信用信息基础数据库运行机构的监督管理职责，可以采取下列监督检查措施：

（一）进入征信机构、金融信用信息基础数据库运行机构进行现场检查，对向金融信用信息基础数据库提供或者查询信息的机构遵守本条例有关规定的情况进行检查；

（二）询问当事人和与被调查事件有关的单位和个人，要求其对与被调查事件有关的事项作出说明；

（三）查阅、复制与被调查事件有关的文件、资料，对可能被转移、销毁、隐匿或者篡改的文件、资料予以封存；

（四）检查相关信息系统。

进行现场检查或者调查的人员不得少于2人，并应当出示合法证件和检查、调查通知书。

被检查、调查的单位和个人应当配合，如实提供有关文件、资料，不得隐瞒、拒绝和阻碍。

第三十四条　经营个人征信业务的征信机构、金融信用信息基础数据库、向金融信用信息基础数据库提供或者查询信息的机构发生重大信息泄露等事件的，国务院征信业监督管理部门可以采取临时接管相关信息系统等必要措施，避免损害扩大。

第三十五条　国务院征信业监督管理部门及其派出机构的工作人员对在工作中知悉的国家秘密和信息主体的信息，应当依法保密。

第七章　法律责任

第三十六条　未经国务院征信业监督管理部门批准，擅自设立经营个人征信业务的征信机构或者从事个人征信业务活动的，由国务院征信业监督管理部门予以取缔，没收违法所得，并处5万元以上50万元以下的罚款；构成犯罪的，依法追究刑事责任。

第三十七条 经营个人征信业务的征信机构违反本条例第九条规定的，由国务院征信业监督管理部门责令限期改正，对单位处2万元以上20万元以下的罚款；对直接负责的主管人员和其他直接责任人员给予警告，处1万元以下的罚款。

经营企业征信业务的征信机构未按照本条例第十条规定办理备案的，由其所在地的国务院征信业监督管理部门派出机构责令限期改正；逾期不改正的，依照前款规定处罚。

第三十八条 征信机构、金融信用信息基础数据库运行机构违反本条例规定，有下列行为之一的，由国务院征信业监督管理部门或者其派出机构责令限期改正，对单位处5万元以上50万元以下的罚款；对直接负责的主管人员和其他直接责任人员处1万元以上10万元以下的罚款；有违法所得的，没收违法所得。给信息主体造成损失的，依法承担民事责任；构成犯罪的，依法追究刑事责任：

（一）窃取或者以其他方式非法获取信息；

（二）采集禁止采集的个人信息或者未经同意采集个人信息；

（三）违法提供或者出售信息；

（四）因过失泄露信息；

（五）逾期不删除个人不良信息；

（六）未按照规定对异议信息进行核查和处理；

（七）拒绝、阻碍国务院征信业监督管理部门或者其派出机构检查、调查或者不如实提供有关文件、资料；

（八）违反征信业务规则，侵害信息主体合法权益的其他行为。

经营个人征信业务的征信机构有前款所列行为之一，情节严重或者造成严重后果的，由国务院征信业监督管理部门吊销其个人征信业务经营许可证。

第三十九条 征信机构违反本条例规定，未按照规定报告其上一年度开展征信业务情况的，由国务院征信业监督管理部门或者其派出机构责令限期改正；逾期不改正的，对单位处2万元以上10万元以下的罚款；对直接负责的主管人员和其他直接责任人员给予警告，处1万元以下的罚款。

第四十条 向金融信用信息基础数据库提供或者查询信息的机构

违反本条例规定，有下列行为之一的，由国务院征信业监督管理部门或者其派出机构责令限期改正，对单位处5万元以上50万元以下的罚款；对直接负责的主管人员和其他直接责任人员处1万元以上10万元以下的罚款；有违法所得的，没收违法所得。给信息主体造成损失的，依法承担民事责任；构成犯罪的，依法追究刑事责任：

（一）违法提供或者出售信息；

（二）因过失泄露信息；

（三）未经同意查询个人信息或者企业的信贷信息；

（四）未按照规定处理异议或者对确有错误、遗漏的信息不予更正；

（五）拒绝、阻碍国务院征信业监督管理部门或者其派出机构检查、调查或者不如实提供有关文件、资料。

第四十一条 信息提供者违反本条例规定，向征信机构、金融信用信息基础数据库提供非依法公开的个人不良信息，未事先告知信息主体本人，情节严重或者造成严重后果的，由国务院征信业监督管理部门或者其派出机构对单位处2万元以上20万元以下的罚款；对个人处1万元以上5万元以下的罚款。

第四十二条 信息使用者违反本条例规定，未按照与个人信息主体约定的用途使用个人信息或者未经个人信息主体同意向第三方提供个人信息，情节严重或者造成严重后果的，由国务院征信业监督管理部门或者其派出机构对单位处2万元以上20万元以下的罚款；对个人处1万元以上5万元以下的罚款；有违法所得的，没收违法所得。给信息主体造成损失的，依法承担民事责任；构成犯罪的，依法追究刑事责任。

第四十三条 国务院征信业监督管理部门及其派出机构的工作人员滥用职权、玩忽职守、徇私舞弊，不依法履行监督管理职责，或者泄露国家秘密、信息主体信息的，依法给予处分。给信息主体造成损失的，依法承担民事责任；构成犯罪的，依法追究刑事责任。

第八章　附　　则

第四十四条 本条例下列用语的含义：

（一）信息提供者，是指向征信机构提供信息的单位和个人，以及向金融信用信息基础数据库提供信息的单位。

（二）信息使用者，是指从征信机构和金融信用信息基础数据库获取信息的单位和个人。

（三）不良信息，是指对信息主体信用状况构成负面影响的下列信息：信息主体在借贷、赊购、担保、租赁、保险、使用信用卡等活动中未按照合同履行义务的信息，对信息主体的行政处罚信息，人民法院判决或者裁定信息主体履行义务以及强制执行的信息，以及国务院征信业监督管理部门规定的其他不良信息。

第四十五条 外商投资征信机构的设立条件，由国务院征信业监督管理部门会同国务院有关部门制定，报国务院批准。

境外征信机构在境内经营征信业务，应当经国务院征信业监督管理部门批准。

第四十六条 本条例施行前已经经营个人征信业务的机构，应当自本条例施行之日起6个月内，依照本条例的规定申请个人征信业务经营许可证。

本条例施行前已经经营企业征信业务的机构，应当自本条例施行之日起3个月内，依照本条例的规定办理备案。

第四十七条 本条例自2013年3月15日起施行。

最高人民法院关于确定民事侵权精神损害赔偿责任若干问题的解释

（2001年2月26日最高人民法院审判委员会第1161次会议通过 2001年3月8日最高人民法院公告公布 自2001年3月10日起施行 法释〔2001〕7号）

为在审理民事侵权案件中正确确定精神损害赔偿责任，根据《中华人民共和国民法通则》等有关法律规定，结合审判实践经验，对有关问题作如下解释：

第一条 自然人因下列人格权利遭受非法侵害，向人民法院起诉请求赔偿精神损害的，人民法院应当依法予以受理：

（一）生命权、健康权、身体权；

（二）姓名权、肖像权、名誉权、荣誉权；

（三）人格尊严权、人身自由权。

违反社会公共利益、社会公德侵害他人隐私或者其他人格利益，受害人以侵权为由向人民法院起诉请求赔偿精神损害的，人民法院应当依法予以受理。

第二条 非法使被监护人脱离监护，导致亲子关系或者近亲属间的亲属关系遭受严重损害，监护人向人民法院起诉请求赔偿精神损害的，人民法院应当依法予以受理。

第三条 自然人死亡后，其近亲属因下列侵权行为遭受精神痛苦，向人民法院起诉请求赔偿精神损害的，人民法院应当依法予以受理：

（一）以侮辱、诽谤、贬损、丑化或者违反社会公共利益、社会公德的其他方式，侵害死者姓名、肖像、名誉、荣誉；

（二）非法披露、利用死者隐私，或者以违反社会公共利益、社会公德的其他方式侵害死者隐私；

（三）非法利用、损害遗体、遗骨，或者以违反社会公共利益、社会公德的其他方式侵害遗体、遗骨。

第四条 具有人格象征意义的特定纪念物品，因侵权行为而永久性灭失或者毁损，物品所有人以侵权为由，向人民法院起诉请求赔偿精神损害的，人民法院应当依法予以受理。

第五条 法人或者其他组织以人格权利遭受侵害为由，向人民法院起诉请求赔偿精神损害的，人民法院不予受理。

第六条 当事人在侵权诉讼中没有提出赔偿精神损害的诉讼请求，诉讼终结后又基于同一侵权事实另行起诉请求赔偿精神损害的，人民法院不予受理。

第七条 自然人因侵权行为致死，或者自然人死亡后其人格或者遗体遭受侵害，死者的配偶、父母和子女向人民法院起诉请求赔偿精神损害的，列其配偶、父母和子女为原告；没有配偶、父母和子女的，可以由其他近亲属提起诉讼，列其他近亲属为原告。

第八条 因侵权致人精神损害，但未造成严重后果，受害人请求赔偿精神损害的，一般不予支持，人民法院可以根据情形判令侵权人停止侵害、恢复名誉、消除影响、赔礼道歉。

因侵权致人精神损害，造成严重后果的，人民法院除判令侵权人承担停止侵害、恢复名誉、消除影响、赔礼道歉等民事责任外，可以根据受害人一方的请求判令其赔偿相应的精神损害抚慰金。

第九条 精神损害抚慰金包括以下方式：

（一）致人残疾的，为残疾赔偿金；

（二）致人死亡的，为死亡赔偿金；

（三）其他损害情形的精神抚慰金。

第十条 精神损害的赔偿数额根据以下因素确定：

（一）侵权人的过错程度，法律另有规定的除外；

（二）侵害的手段、场合、行为方式等具体情节；

（三）侵权行为所造成的后果；

（四）侵权人的获利情况；

（五）侵权人承担责任的经济能力；

（六）受诉法院所在地平均生活水平。

法律、行政法规对残疾赔偿金、死亡赔偿金等有明确规定的，适用法律、行政法规的规定。

第十一条 受害人对损害事实和损害后果的发生有过错的，可以根据其过错程度减轻或者免除侵权人的精神损害赔偿责任。

第十二条 在本解释公布施行之前已经生效施行的司法解释，其内容有与本解释不一致的，以本解释为准。

最高人民法院关于审理利用信息网络侵害人身权益民事纠纷案件适用法律若干问题的规定

（2014年6月23日最高人民法院审判委员会第1621次会议通过　2014年8月21日最高人民法院公告公布　自2014年10月10日起施行　法释〔2014〕11号）

为正确审理利用信息网络侵害人身权益民事纠纷案件，根据《中华人民共和国民法通则》《中华人民共和国侵权责任法》《全国人民代表大会常务委员会关于加强网络信息保护的决定》《中华人民共和国民事诉讼法》等法律的规定，结合审判实践，制定本规定。

第一条 本规定所称的利用信息网络侵害人身权益民事纠纷案件，是指利用信息网络侵害他人姓名权、名称权、名誉权、荣誉权、肖像权、隐私权等人身权益引起的纠纷案件。

第二条 利用信息网络侵害人身权益提起的诉讼，由侵权行为地或者被告住所地人民法院管辖。

侵权行为实施地包括实施被诉侵权行为的计算机等终端设备所在地，侵权结果发生地包括被侵权人住所地。

第三条 原告依据侵权责任法第三十六条第二款、第三款的规定起诉网络用户或者网络服务提供者的，人民法院应予受理。

原告仅起诉网络用户，网络用户请求追加涉嫌侵权的网络服务提供者为共同被告或者第三人的，人民法院应予准许。

原告仅起诉网络服务提供者，网络服务提供者请求追加可以确定的网络用户为共同被告或者第三人的，人民法院应予准许。

第四条 原告起诉网络服务提供者，网络服务提供者以涉嫌侵权的信息系网络用户发布为由抗辩的，人民法院可以根据原告的请求及案件的具体情况，责令网络服务提供者向人民法院提供能够确定涉嫌侵权的网络用户的姓名（名称）、联系方式、网络地址等信息。

网络服务提供者无正当理由拒不提供的，人民法院可以依据民事诉讼法第一百一十四条的规定对网络服务提供者采取处罚等措施。

原告根据网络服务提供者提供的信息请求追加网络用户为被告的，人民法院应予准许。

第五条 依据侵权责任法第三十六条第二款的规定，被侵权人以书面形式或者网络服务提供者公示的方式向网络服务提供者发出的通知，包含下列内容的，人民法院应当认定有效：

（一）通知人的姓名（名称）和联系方式；

（二）要求采取必要措施的网络地址或者足以准确定位侵权内容的相关信息；

（三）通知人要求删除相关信息的理由。

被侵权人发送的通知未满足上述条件，网络服务提供者主张免除责任的，人民法院应予支持。

第六条 人民法院适用侵权责任法第三十六条第二款的规定，认定网络服务提供者采取的删除、屏蔽、断开链接等必要措施是否及时，应当根据网络服务的性质、有效通知的形式和准确程度，网络信息侵害权益的类型和程度等因素综合判断。

第七条 其发布的信息被采取删除、屏蔽、断开链接等措施的网络用户，主张网络服务提供者承担违约责任或者侵权责任，网络服务提供者以收到通知为由抗辩的，人民法院应予支持。

被采取删除、屏蔽、断开链接等措施的网络用户，请求网络服务提供者提供通知内容的，人民法院应予支持。

第八条 因通知人的通知导致网络服务提供者错误采取删除、屏蔽、断开链接等措施，被采取措施的网络用户请求通知人承担侵权责任的，人民法院应予支持。

被错误采取措施的网络用户请求网络服务提供者采取相应恢复措施的，人民法院应予支持，但受技术条件限制无法恢复的除外。

第九条 人民法院依据侵权责任法第三十六条第三款认定网络服务提供者是否“知道”，应当综合考虑下列因素：

（一）网络服务提供者是否以人工或者自动方式对侵权网络信息以推荐、排名、选择、编辑、整理、修改等方式作出处理；

（二）网络服务提供者应当具备的管理信息的能力，以及所提供服务的性质、方式及其引发侵权的可能性大小；

（三）该网络信息侵害人身权益的类型及明显程度；

（四）该网络信息的社会影响程度或者一定时间内的浏览量；

（五）网络服务提供者采取预防侵权措施的技术可能性及其是否采取了相应的合理措施；

（六）网络服务提供者是否针对同一网络用户的重复侵权行为或者同一侵权信息采取了相应的合理措施；

（七）与本案相关的其他因素。

第十条 人民法院认定网络用户或者网络服务提供者转载网络信息行为的过错及其程度，应当综合以下因素：

（一）转载主体所承担的与其性质、影响范围相适应的注意义务；

（二）所转载信息侵害他人人身权益的明显程度；

（三）对所转载信息是否作出实质性修改，是否添加或者修改文章标题，导致其与内容严重不符以及误导公众的可能性。

第十一条 网络用户或者网络服务提供者采取诽谤、诋毁等手段，损害公众对经营主体的信赖，降低其产品或者服务的社会评价，经营主体请求网络用户或者网络服务提供者承担侵权责任的，人民法院应依法予以支持。

第十二条 网络用户或者网络服务提供者利用网络公开自然人基因信息、病历资料、健康检查资料、犯罪记录、家庭住址、私人活动等个人隐私和其他个人信息，造成他人损害，被侵权人请求其承担侵权责任的，人民法院应予支持。但下列情形除外：

（一）经自然人书面同意且在约定范围内公开；

（二）为促进社会公共利益且在必要范围内；

（三）学校、科研机构等基于公共利益为学术研究或者统计的目的，经自然人书面同意，且公开的方式不足以识别特定自然人；

（四）自然人自行在网络上公开的信息或者其他已合法公开的个人信息；

（五）以合法渠道获取的个人信息；

（六）法律或者行政法规另有规定。

网络用户或者网络服务提供者以违反社会公共利益、社会公德的方式公开前款第四项、第五项规定的个人信息，或者公开该信息侵害权利人值得保护的重大利益，权利人请求网络用户或者网络服务提供者承担侵权责任的，人民法院应予支持。

国家机关行使职权公开个人信息的，不适用本条规定。

第十三条 网络用户或者网络服务提供者，根据国家机关依职权制作的文书和公开实施的职权行为等信息来源所发布的信息，有下列情形之一，侵害他人人身权益，被侵权人请求侵权人承担侵权责任的，人民法院应予支持：

（一）网络用户或者网络服务提供者发布的信息与前述信息来源内容不符；

（二）网络用户或者网络服务提供者以添加侮辱性内容、诽谤性信息、不当标题或者通过增删信息、调整结构、改变顺序等方式致人误解；

（三）前述信息来源已被公开更正，但网络用户拒绝更正或者网络服务提供者不予更正；

（四）前述信息来源已被公开更正，网络用户或者网络服务提供者仍然发布更正之前的信息。

第十四条 被侵权人与构成侵权的网络用户或者网络服务提供者达成一方支付报酬，另一方提供删除、屏蔽、断开链接等服务的协议，人民法院应认定为无效。

擅自篡改、删除、屏蔽特定网络信息或者以断开链接的方式阻止他人获取网络信息，发布该信息的网络用户或者网络服务提供者请求侵权人承担侵权责任的，人民法院应予支持。接受他人委托实施该行为的，委托人与受托人承担连带责任。

第十五条 雇佣、组织、教唆或者帮助他人发布、转发网络信息侵害他人人身权益，被侵权人请求行为人承担连带责任的，人民法院应予支持。

第十六条 人民法院判决侵权人承担赔礼道歉、消除影响或者恢复名誉等责任形式的，应当与侵权的具体方式和所造成的影响范围相当。侵权人拒不履行的，人民法院可以采取在网络上发布公告或者公布裁判文书等合理的方式执行，由此产生的费用由侵权人承担。

第十七条 网络用户或者网络服务提供者侵害他人人身权益，造成财产损失或者严重精神损害，被侵权人依据侵权责任法第二十条和第二十二条的规定请求其承担赔偿责任的，人民法院应予支持。

第十八条 被侵权人为制止侵权行为所支付的合理开支，可以认定为侵权责任法第二十条规定的财产损失。合理开支包括被侵权人或者委托代理人对侵权行为进行调查、取证的合理费用。人民法院根据当事人的请求和具体案情，可以将符合国家有关部门规定的律师费用计算在赔偿范围内。

被侵权人因人身权益受侵害造成的财产损失或者侵权人因此获得的利益无法确定的，人民法院可以根据具体案情在50万元以下的范围内确定赔偿数额。

精神损害的赔偿数额，依据《最高人民法院关于确定民事侵权精神损害赔偿责任若干问题的解释》第十条的规定予以确定。

第十九条 本规定施行后人民法院正在审理的一审、二审案件适用本规定。

本规定施行前已经终审，本规定施行后当事人申请再审或者按照审判监督程序决定再审的案件，不适用本规定。

最高人民法院关于审理人身损害赔偿案件适用法律若干问题的解释

（2003年12月4日最高人民法院审判委员会第1299次会议通过　2003年12月26日最高人民法院公告公布　自2004年5月1日起施行　法释〔2003〕20号）

为正确审理人身损害赔偿案件，依法保护当事人的合法权益，根据《中华人民共和国民法通则》以下简称民法通则、《中华人民共和国民事诉讼法》以下简称民事诉讼法等有关法律规定，结合审判实践，就有关适用法律的问题作如下解释：

第一条　因生命、健康、身体遭受侵害，赔偿权利人起诉请求赔偿义务人赔偿财产损失和精神损害的，人民法院应予受理。

本条所称“赔偿权利人”，是指因侵权行为或者其他致害原因直接遭受人身损害的受害人、依法由受害人承担扶养义务的被扶养人以及死亡受害人的近亲属。

本条所称“赔偿义务人”，是指因自己或者他人的侵权行为以及其他致害原因依法应当承担民事责任的自然人、法人或者其他组织。

第二条　受害人对同一损害的发生或者扩大有故意、过失的，依照民法通则第一百三十一条的规定，可以减轻或者免除赔偿义务人的赔偿责任。但侵权人因故意或者重大过失致人损害，受害人只有一般过失的，不减轻赔偿义务人的赔偿责任。

适用民法通则第一百零六条第三款规定确定赔偿义务人的赔偿责任时，受害人有重大过失的，可以减轻赔偿义务人的赔偿责任。

第三条　二人以上共同故意或者共同过失致人损害，或者虽无共同故意、共同过失，但其侵害行为直接结合发生同一损害后果的，构成共同侵权，应当依照民法通则第一百三十条规定承担连带责任。

二人以上没有共同故意或者共同过失，但其分别实施的数个行为间接结合发生同一损害后果的，应当根据过失大小或者原因力比例各自承担相应的赔偿责任。

第四条 二人以上共同实施危及他人人身安全的行为并造成损害后果，不能确定实际侵害行为人的，应当依照民法通则第一百三十条规定承担连带责任。共同危险行为人能够证明损害后果不是由其行为造成的，不承担赔偿责任。

第五条 赔偿权利人起诉部分共同侵权人的，人民法院应当追加其他共同侵权人作为共同被告。赔偿权利人在诉讼中放弃对部分共同侵权人的诉讼请求的，其他共同侵权人对被放弃诉讼请求的被告应当承担的赔偿份额不承担连带责任。责任范围难以确定的，推定各共同侵权人承担同等责任。

人民法院应当将放弃诉讼请求的法律后果告知赔偿权利人，并将放弃诉讼请求的情况在法律文书中叙明。

第六条 从事住宿、餐饮、娱乐等经营活动或者其他社会活动的自然人、法人、其他组织，未尽合理限度范围内的安全保障义务致使他人遭受人身损害，赔偿权利人请求其承担相应赔偿责任的，人民法院应予支持。

因第三人侵权导致损害结果发生的，由实施侵权行为的第三人承担赔偿责任。安全保障义务人有过错的，应当在其能够防止或者制止损害的范围内承担相应的补充赔偿责任。安全保障义务人承担责任后，可以向第三人追偿。赔偿权利人起诉安全保障义务人的，应当将第三人作为共同被告，但第三人不能确定的除外。

第七条 对未成年人依法负有教育、管理、保护义务的学校、幼儿园或者其他教育机构，未尽职责范围内的相关义务致使未成年人遭受人身损害，或者未成年人致他人人身损害的，应当承担与其过错相应的赔偿责任。

第三人侵权致未成年人遭受人身损害的，应当承担赔偿责任。学校、幼儿园等教育机构有过错的，应当承担相应的补充赔偿责任。

第八条 法人或者其他组织的法定代表人、负责人以及工作人员，在执行职务中致人损害的，依照民法通则第一百二十一条的规定，由该法人或者其他组织承担民事责任。上述人员实施与职务无关的行为致人损害的，应当由行为人承担赔偿责任。

属于《国家赔偿法》赔偿事由的，依照《国家赔偿法》的规定处理。

第九条 雇员在从事雇佣活动中致人损害的，雇主应当承担赔偿责任；雇员因故意或者重大过失致人损害的，应当与雇主承担连带赔偿责任。雇主承担连带赔偿责任的，可以向雇员追偿。

前款所称“从事雇佣活动”，是指从事雇主授权或者指示范围内的生产经营活动或者其他劳务活动。雇员的行为超出授权范围，但其表现形式是履行职务或者与履行职务有内在联系的，应当认定为“从事雇佣活动”。

第十条 承揽人在完成工作过程中对第三人造成损害或者造成自身损害的，定作人不承担赔偿责任。但定作人对定作、指示或者选任有过失的，应当承担相应的赔偿责任。

第十一条 雇员在从事雇佣活动中遭受人身损害，雇主应当承担赔偿责任。雇佣关系以外的第三人造成雇员人身损害的，赔偿权利人可以请求第三人承担赔偿责任，也可以请求雇主承担赔偿责任。雇主承担赔偿责任后，可以向第三人追偿。

雇员在从事雇佣活动中因安全生产事故遭受人身损害，发包人、分包人知道或者应当知道接受发包或者分包业务的雇主没有相应资质或者安全生产条件的，应当与雇主承担连带赔偿责任。

属于《工伤保险条例》调整的劳动关系和工伤保险范围的，不适用本条规定。

第十二条 依法应当参加工伤保险统筹的用人单位的劳动者，因工伤事故遭受人身损害，劳动者或者其近亲属向人民法院起诉请求用人单位承担民事赔偿责任的，告知其按《工伤保险条例》的规定处理。

因用人单位以外的第三人侵权造成劳动者人身损害，赔偿权利人请求第三人承担民事赔偿责任的，人民法院应予支持。

第十三条 为他人无偿提供劳务的帮工人，在从事帮工活动中致人损害的，被帮工人应当承担赔偿责任。被帮工人明确拒绝帮工的，不承担赔偿责任。帮工人存在故意或者重大过失，赔偿权利人请求帮工人和被帮工人承担连带责任的，人民法院应予支持。

第十四条 帮工人因帮工活动遭受人身损害的，被帮工人应当承担赔偿责任。被帮工人明确拒绝帮工的，不承担赔偿责任；但可以在受益范围内予以适当补偿。

帮工人因第三人侵权遭受人身损害的，由第三人承担赔偿责任。第三人不能确定或者没有赔偿能力的，可以由被帮工人予以适当补偿。

第十五条 为维护国家、集体或者他人的合法权益而使自己受到人身损害，因没有侵权人、不能确定侵权人或者侵权人没有赔偿能力，赔偿权利人请求受益人在受益范围内予以适当补偿的，人民法院应予支持。

第十六条 下列情形，适用民法通则第一百二十六条的规定，由所有人或者管理人承担赔偿责任，但能够证明自己没有过错的除外：

（一）道路、桥梁、隧道等人工建造的构筑物因维护、管理瑕疵致人损害的；

（二）堆放物品滚落、滑落或者堆放物倒塌致人损害的；

（三）树木倾倒、折断或者果实坠落致人损害的。

前款第（一）项情形，因设计、施工缺陷造成损害的，由所有人、管理人与设计、施工者承担连带责任。

第十七条 受害人遭受人身损害，因就医治疗支出的各项费用以及因误工减少的收入，包括医疗费、误工费、护理费、交通费、住宿费、住院伙食补助费、必要的营养费，赔偿义务人应当予以赔偿。

受害人因伤致残的，其因增加生活上需要所支出的必要费用以及因丧失劳动能力导致的收入损失，包括残疾赔偿金、残疾辅助器具费、被扶养人生活费，以及因康复护理、继续治疗实际发生的必要的康复费、护理费、后续治疗费，赔偿义务人也应当予以赔偿。

受害人死亡的，赔偿义务人除应当根据抢救治疗情况赔偿本条第一款规定的相关费用外，还应当赔偿丧葬费、被扶养人生活费、死亡补偿费以及受害人亲属办理丧葬事宜支出的交通费、住宿费和误工损失等其他合理费用。

第十八条 受害人或者死者近亲属遭受精神损害，赔偿权利人向人民法院请求赔偿精神损害抚慰金的，适用《最高人民法院关于确定民事侵权精神损害赔偿责任若干问题的解释》予以确定。

精神损害抚慰金的请求权，不得让与或者继承。但赔偿义务人已经以书面方式承诺给予金钱赔偿，或者赔偿权利人已经向人民法院起诉的除外。

第十九条 医疗费根据医疗机构出具的医药费、住院费等收款凭证，结合病历和诊断证明等相关证据确定。赔偿义务人对治疗的必要性和合理性有异议的，应当承担相应的举证责任。

医疗费的赔偿数额，按照一审法庭辩论终结前实际发生的数额确定。器官功能恢复训练所必要的康复费、适当的整容费以及其他后续治疗费，赔偿权利人可以待实际发生后另行起诉。但根据医疗证明或者鉴定结论确定必然发生的费用，可以与已经发生的医疗费一并予以赔偿。

第二十条 误工费根据受害人的误工时间和收入状况确定。

误工时间根据受害人接受治疗的医疗机构出具的证明确定。受害人因伤致残持续误工的，误工时间可以计算至定残日前一天。

受害人有固定收入的，误工费按照实际减少的收入计算。受害人无固定收入的，按照其最近三年的平均收入计算；受害人不能举证证明其最近三年的平均收入状况的，可以参照受诉法院所在地相同或者相近行业上一年度职工的平均工资计算。

第二十一条 护理费根据护理人员的收入状况和护理人数、护理期限确定。

护理人员有收入的，参照误工费的规定计算；护理人员没有收入或者雇佣护工的，参照当地护工从事同等级别护理的劳务报酬标准计算。护理人员原则上为一人，但医疗机构或者鉴定机构有明确意见的，可以参照确定护理人员人数。

护理期限应计算至受害人恢复生活自理能力时止。受害人因残疾不能恢复生活自理能力的，可以根据其年龄、健康状况等因素确定合理的护理期限，但最长不超过二十年。

受害人定残后的护理，应当根据其护理依赖程度并结合配制残疾辅助器具的情况确定护理级别。

第二十二条 交通费根据受害人及其必要的陪护人员因就医或者转院治疗实际发生的费用计算。交通费应当以正式票据为凭；有关凭据应当与就医地点、时间、人数、次数相符合。

第二十三条 住院伙食补助费可以参照当地国家机关一般工作人员的出差伙食补助标准予以确定。

受害人确有必要到外地治疗，因客观原因不能住院，受害人本人及其陪护人员实际发生的住宿费和伙食费，其合理部分应予赔偿。

第二十四条 营养费根据受害人伤残情况参照医疗机构的意见确定。

第二十五条 残疾赔偿金根据受害人丧失劳动能力程度或者伤残等级，按照受诉法院所在地上一年度城镇居民人均可支配收入或者农村居民人均纯收入标准，自定残之日起按二十年计算。但六十周岁以上的，年龄每增加一岁减少一年；七十五周岁以上的，按五年计算。

受害人因伤致残但实际收入没有减少，或者伤残等级较轻但造成职业妨害严重影响其劳动就业的，可以对残疾赔偿金作相应调整。

第二十六条 残疾辅助器具费按照普通适用器具的合理费用标准计算。伤情有特殊需要的，可以参照辅助器具配制机构的意见确定相应的合理费用标准。

辅助器具的更换周期和赔偿期限参照配制机构的意见确定。

第二十七条 丧葬费按照受诉法院所在地上一年度职工月平均工资标准，以六个月总额计算。

第二十八条 被扶养人生活费根据扶养人丧失劳动能力程度，按照受诉法院所在地上一年度城镇居民人均消费性支出和农村居民人均年生活消费支出标准计算。被扶养人为未成年人的，计算至十八周岁；被扶养人无劳动能力又无其他生活来源的，计算二十年。但六十周岁以上的，年龄每增加一岁减少一年；七十五周岁以上的，按五年计算。

被扶养人是指受害人依法应当承担扶养义务的未成年人或者丧失劳动能力又无其他生活来源的成年近亲属。被扶养人还有其他扶养人的，赔偿义务人只赔偿受害人依法应当负担的部分。被扶养人有数人的，年赔偿总额累计不超过上一年度城镇居民人均消费性支出额或者农村居民人均年生活消费支出额。

第二十九条 死亡赔偿金按照受诉法院所在地上一年度城镇居民人均可支配收入或者农村居民人均纯收入标准，按二十年计算。但六十周岁以上的，年龄每增加一岁减少一年；七十五周岁以上的，按五年计算。

第三十条 赔偿权利人举证证明其住所地或者经常居住地城镇居民人均可支配收入或者农村居民人均纯收入高于受诉法院所在地标准的，残疾赔偿金或者死亡赔偿金可以按照其住所地或者经常居住地的相关标准计算。

被扶养人生活费的相关计算标准，依照前款原则确定。

第三十一条 人民法院应当按照民法通则第一百三十一条以及本解释第二条的规定，确定第十九条至第二十九条各项财产损失的实际赔偿金额。

前款确定的物质损害赔偿金与按照第十八条第一款规定确定的精神损害抚慰金，原则上应当一次性给付。

第三十二条 超过确定的护理期限、辅助器具费给付年限或者残疾赔偿金给付年限，赔偿权利人向人民法院起诉请求继续给付护理费、辅助器具费或者残疾赔偿金的，人民法院应予受理。赔偿权利人确需继续护理、配制辅助器具，或者没有劳动能力和生活来源的，人民法院应当判令赔偿义务人继续给付相关费用五至十年。

第三十三条 赔偿义务人请求以定期金方式给付残疾赔偿金、被扶养人生活费、残疾辅助器具费的，应当提供相应的担保。人民法院可以根据赔偿义务人的给付能力和提供担保的情况，确定以定期金方式给付相关费用。但一审法庭辩论终结前已经发生的费用、死亡赔偿金以及精神损害抚慰金，应当一次性给付。

第三十四条 人民法院应当在法律文书中明确定期金的给付时间、方式以及每期给付标准。执行期间有关统计数据发生变化的，给付金额应当适时进行相应调整。

定期金按照赔偿权利人的实际生存年限给付，不受本解释有关赔偿期限的限制。

第三十五条 本解释所称“城镇居民人均可支配收入”、“农村居民人均纯收入”、“城镇居民人均消费性支出”、“农村居民人均年生活消费支出”、“职工平均工资”，按照政府统计部门公布的各省、自治区、直辖市以及经济特区和计划单列市上一年度相关统计数据确定。

“上一年度”，是指一审法庭辩论终结时的上一统计年度。

第三十六条 本解释自2004年5月1日起施行。2004年5月1日后新受理的一审人身损害赔偿案件，适用本解释的规定。已经作出生效裁判的人身损害赔偿案件依法再审的，不适用本解释的规定。

在本解释公布施行之前已经生效施行的司法解释，其内容与本解释不一致的，以本解释为准。

最高人民法院、最高人民检察院关于办理侵犯公民个人信息刑事案件适用法律若干问题的解释

（2017年3月20日最高人民法院审判委员会第1712次会议、2017年4月26日最高人民检察院第十二届检察委员会第63次会议通过　2017年5月8日最高人民法院、最高人民检察院公告公布　自2017年6月1日起施行　法释〔2017〕10号）

为依法惩治侵犯公民个人信息犯罪活动，保护公民个人信息安全和合法权益，根据《中华人民共和国刑法》《中华人民共和国刑事诉讼法》的有关规定，现就办理此类刑事案件适用法律的若干问题解释如下：

第一条　刑法第二百五十三条之一规定的“公民个人信息”，是指以电子或者其他方式记录的能够单独或者与其他信息结合识别特定自然人身份或者反映特定自然人活动情况的各种信息，包括姓名、身份证件号码、通信通讯联系方式、住址、账号密码、财产状况、行踪轨迹等。

第二条　违反法律、行政法规、部门规章有关公民个人信息保护的规定的，应当认定为刑法第二百五十三条之一规定的“违反国家有关规定”。

第三条　向特定人提供公民个人信息，以及通过信息网络或者其他途径发布公民个人信息的，应当认定为刑法第二百五十三条之一规定的“提供公民个人信息”。

未经被收集者同意，将合法收集的公民个人信息向他人提供的，属于刑法第二百五十三条之一规定的“提供公民个人信息”，但是经过处理无法识别特定个人且不能复原的除外。

第四条　违反国家有关规定，通过购买、收受、交换等方式获取

公民个人信息，或者在履行职责、提供服务过程中收集公民个人信息的，属于刑法第二百五十三条之一第三款规定的“以其他方法非法获取公民个人信息”。

第五条 非法获取、出售或者提供公民个人信息，具有下列情形之一的，应当认定为刑法第二百五十三条之一规定的“情节严重”：

（一）出售或者提供行踪轨迹信息，被他人用于犯罪的；

（二）知道或者应当知道他人利用公民个人信息实施犯罪，向其出售或者提供的；

（三）非法获取、出售或者提供行踪轨迹信息、通信内容、征信信息、财产信息五十条以上的；

（四）非法获取、出售或者提供住宿信息、通信记录、健康生理信息、交易信息等其他可能影响人身、财产安全的公民个人信息五百条以上的；

（五）非法获取、出售或者提供第三项、第四项规定以外的公民个人信息五千条以上的；

（六）数量未达到第三项至第五项规定标准，但是按相应比例合计达到有关数量标准的；

（七）违法所得五千元以上的；

（八）将在履行职责或者提供服务过程中获得的公民个人信息出售或者提供给他人，数量或者数额达到第三项至第七项规定标准一半以上的；

（九）曾因侵犯公民个人信息受过刑事处罚或者二年内受过行政处罚，又非法获取、出售或者提供公民个人信息的；

（十）其他情节严重的情形。

实施前款规定的行为，具有下列情形之一的，应当认定为刑法第二百五十三条之一第一款规定的“情节特别严重”：

（一）造成被害人死亡、重伤、精神失常或者被绑架等严重后果的；

（二）造成重大经济损失或者恶劣社会影响的；

（三）数量或者数额达到前款第三项至第八项规定标准十倍以上的；

（四）其他情节特别严重的情形。

第六条 为合法经营活动而非法购买、收受本解释第五条第一款第三项、第四项规定以外的公民个人信息，具有下列情形之一的，应当认定为刑法第二百五十三条之一规定的“情节严重”：

（一）利用非法购买、收受的公民个人信息获利五万元以上的；

（二）曾因侵犯公民个人信息受过刑事处罚或者二年内受过行政处罚，又非法购买、收受公民个人信息的；

（三）其他情节严重的情形。

实施前款规定的行为，将购买、收受的公民个人信息非法出售或者提供的，定罪量刑标准适用本解释第五条的规定。

第七条 单位犯刑法第二百五十三条之一规定之罪的，依照本解释规定的相应自然人犯罪的定罪量刑标准，对直接负责的主管人员和其他直接责任人员定罪处罚，并对单位判处罚金。

第八条 设立用于实施非法获取、出售或者提供公民个人信息违法犯罪活动的网站、通讯群组，情节严重的，应当依照刑法第二百八十七条之一的规定，以非法利用信息网络罪定罪处罚；同时构成侵犯公民个人信息罪的，依照侵犯公民个人信息罪定罪处罚。

第九条 网络服务提供者拒不履行法律、行政法规规定的信息网络安全管理义务，经监管部门责令采取改正措施而拒不改正，致使用户的公民个人信息泄露，造成严重后果的，应当依照刑法第二百八十六条之一的规定，以拒不履行信息网络安全管理义务罪定罪处罚。

第十条 实施侵犯公民个人信息犯罪，不属于“情节特别严重”，行为人系初犯，全部退赃，并确有悔罪表现的，可以认定为情节轻微，不起诉或者免予刑事处罚；确有必要判处刑罚的，应当从宽处罚。

第十一条 非法获取公民个人信息后又出售或者提供的，公民个人信息的条数不重复计算。

向不同单位或者个人分别出售、提供同一公民个人信息的，公民个人信息的条数累计计算。

对批量公民个人信息的条数，根据查获的数量直接认定，但是有证据证明信息不真实或者重复的除外。

第十二条 对于侵犯公民个人信息犯罪，应当综合考虑犯罪的危害程度、犯罪的违法所得数额以及被告人的前科情况、认罪悔罪态度等，依法判处罚金。罚金数额一般在违法所得的一倍以上五倍以下。

第十三条 本解释自 2017 年 6 月 1 日起施行。

涉及人的生物医学研究
伦理审查办法（节录）

（2016年10月12日国家卫生和计划生育委员会令第11号公布　自2016年12月1日起施行）

……

第四条　伦理审查应当遵守国家法律法规规定，在研究中尊重受试者的自主意愿，同时遵守有益、不伤害以及公正的原则。

第五条　国家卫生计生委负责全国涉及人的生物医学研究伦理审查工作的监督管理，成立国家医学伦理专家委员会。国家中医药管理局负责中医药研究伦理审查工作的监督管理，成立国家中医药伦理专家委员会。

省级卫生计生行政部门成立省级医学伦理专家委员会。

县级以上地方卫生计生行政部门负责本行政区域涉及人的生物医学研究伦理审查工作的监督管理。

第七条　从事涉及人的生物医学研究的医疗卫生机构是涉及人的生物医学研究伦理审查工作的管理责任主体，应当设立伦理委员会，并采取有效措施保障伦理委员会独立开展伦理审查工作。

医疗卫生机构未设立伦理委员会的，不得开展涉及人的生物医学研究工作。

第十一条　伦理委员会对受理的申报项目应当及时开展伦理审查，提供审查意见；对已批准的研究项目进行定期跟踪审查，受理受试者的投诉并协调处理，确保项目研究不会将受试者置于不合理的风险之中。

第十二条　伦理委员会在开展伦理审查时，可以要求研究者提供审查所需材料、知情同意书等文件以及修改研究项目方案，并根据职责对研究项目方案、知情同意书等文件提出伦理审查意见。

第十三条　伦理委员会委员应当签署保密协议，承诺对所承担的伦理审查工作履行保密义务，对所受理的研究项目方案、受试者信息以及委员审查意见等保密。

……

实用附录：

人身损害赔偿计算公式

医疗费

医疗费＝医药费＋住院费＋治疗费＋检查费＋挂号费＋其它费用

误工费

1. 受害人有固定收入的，计算公式为：

误工费赔偿金额＝受害人工资（元/天）×误工时间（天）

2. 受害人无固定收入，但受害人能够举证证明其最近三年的平均收入状况的，计算公式为：

误工费赔偿金额＝受害人最近三年平均收入（元/天）×误工时间（天）

3. 受害人无固定收入，且受害人不能够举证证明其最近三年的平均收入状况的，计算公式为：

误工费赔偿金额＝相同或相近行业上一年职工平均工资（天/元）×误工时间（天）

护理费

1. 护理人员有收入的：

护理费赔偿额＝误工费

2. 护理人员没有收入或者雇佣护工的：

护理费赔偿额 = 护理标准（元/天）×护理期限（天）

交通费

交通费赔偿金额 = 往返费用×往返次数×往返人数

住院伙食补助费

住院伙食补助费 = 当地国家机关一般工作人员出差伙食补助标准（元/天）×住院天数

营养费

营养费 = 实际发生的必要营养费

残疾赔偿金

残疾赔偿金 = 受诉法院所在地上一年度城镇居民人均可支配收入或农村居民人均纯收入×伤残等级系数×赔偿年限

残疾辅助器具费

残疾辅助器具费 = 普通适用器具的合理费用

丧葬费

丧葬费赔偿额 = 受诉法院所在地上一年度职工月平均工资（元/月）×6 个月

被扶养人生活费

1. 被扶养人没有其他扶养人的：

被扶养人生活费赔偿额＝受诉法院所在地上一年度城镇居民人均消费性支出（农村居民人均年生活消费支出）×伤残系数×赔偿年限

2. 被扶养人还有其他抚养人的：

被扶养人生活费赔偿额＝受害人依法应承担的扶养费用

3. 被扶养人有数人的：

年赔偿总额≤上一年度城镇居民人均消费性支出额或者农村居民人均年生活消费支出额

死亡赔偿金

因同一侵权行为造成多人死亡的，可以以相同数额确定死亡赔偿金

精神损害赔偿

侵害自然人人身权益造成严重精神损害的；因故意或者重大过失侵害自然人具有人身意义的特定物造成严重精神损害的，被侵权人有权请求精神损害赔偿。因当事人一方的违约行为，损害对方人格权并造成严重精神损害，受损害方选择请求其承担违约责任的，不影响受损害方请求精神损害赔偿。

司法鉴定程序图

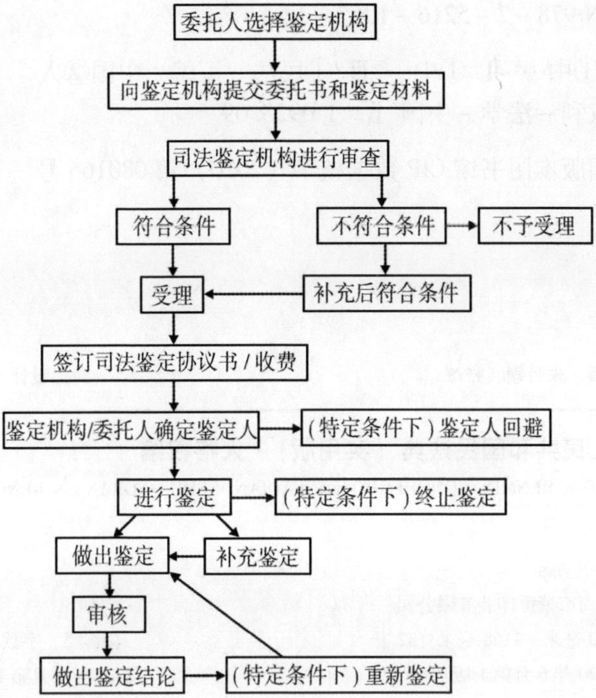
委托人选择鉴定机构
向鉴定机构提交委托书和鉴定材料
司法鉴定机构进行审查
符合条件
不符合条件
不予受理
受理
补充后符合条件
签订司法鉴定协议书 / 收费
鉴定机构/委托人确定鉴定人
（特定条件下）鉴定人回避
进行鉴定
（特定条件下）终止鉴定
做出鉴定
补充鉴定
审核
做出鉴定结论
（特定条件下）重新鉴定

图书在版编目（CIP）数据

中华人民共和国民法典：实用版．人格权编／中国法制出版社编．—北京：中国法制出版社，2020

ISBN 978-7-5216-1067-3

Ⅰ．①中…　Ⅱ．①中…　Ⅲ．①民法-汇编-中国②人格-权利-法学-中国　Ⅳ．①D923.09

中国版本图书馆 CIP 数据核字（2020）第 080166 号

责任编辑　朱丹颖　张僚　　　封面设计　杨泽江

中华人民共和国民法典（实用版）·人格权编

ZHONGHUA RENMIN GONGHEGUO MINFADIAN（SHIYONGBAN）· RENGEQUAN BIAN

经销/新华书店

印刷/三河市紫恒印装有限公司

开本/850 毫米×1168 毫米　32 开　　　印张/ 5　字数/ 123 千

版次/2020 年 6 月第 1 版　　　2020 年 6 月第 1 次印刷

中国法制出版社出版

书号 ISBN 978-7-5216-1067-3　　　定价：13.00 元

北京西单横二条 2 号

邮政编码 100031　　　传真：010-66031119

网址：http：//www.zgfzs.com　　　**编辑部电话：010-66066621**

市场营销部电话：010-66033393　　　**邮购部电话：010-66033288**

（如有印装质量问题，请与本社印务部联系调换。电话：010-66032926）